今日も、Jリーグ日和。

ひらちゃん流マニアックなサッカーの楽しみ方

平畠啓史

ヨシモトブックス

まえがき

この本は、2012年から「サッカーダイジェスト」に連載させていただいているコラム「アディショナルタイムに独り言」を一部修正したものと、今回の出版にあたり、新たに書き加えたコラム、そしてスタジアムで撮った写真から構成されています。日頃、スタジアムで見たり聞いたりしたことから空想、妄想の類いまでサッカーに関する様々なことをゆるく定まらない視点で書き綴っています。

試合後、ミックスゾーンで選手が何気なく話した言葉や監督の嘆き。大歓声やチャントに包み込まれるスタジアムの中から漏れてくる観客のぼやきやつぶやき。スタジアムに向かう電車の中、スタジアムに向かう道すがら聞こえてくるファン、サポーターの期待や心配事。マスコットの表情や肉体から表現される楽しさなどなど、その時々にサッカーで見たり聞いたり感じたことを文章にしています。ゆえに、監督や選手の所属クラブが当時のままになっていますが、そのあたりは懐かしんで楽しんでいただければ幸いです。

それぞれのコラムにマニアック指数なるものがありますが、これは驚くほど何の目安にもなりません。

　サッカーバカのひとり遊び。アディショナルタイムに独り言なのです。

　話は変わりますが、試合観戦当日、スタジアムに向かうため、家の玄関を出て、数歩歩き始めた瞬間がなぜか好きなのです。仕事に行く時もコンビニに行く時も、同じ道を歩き、同じ景色を見ているのに、スタジアムに行く時は、いつもと違って見えるから不思議です。街の空気がいつもと違うように感じるのです。雪が降る日もあれば、蝉が鳴きまくる猛暑の日もあります。雨が降る日もあれば、煽られるような強風の日もあります。どんな気象がサッカー日和の必要最低条件を満たすのかはわかりませんが、いつもと同じはずなのに、街の空気や大気が違って感じる、あの感覚を味わえた日こそサッカー日和。

　私はサッカーに夢中ですが、サッカー日和の、そしてJリーグ日和の虜でもあります。そんな思いを少しでも共感してもらえたとしたら、嬉しい限りです。そして、これを読んだ後に、スタジアムに行きたいなと思っていただければ幸いです。

　どうぞ、気楽にお楽しみください。

平畠啓史

今日も、

Jリーグ日和。

目次

第3章 ひらはたマニアック

第4章 サッカーの力

第5章 愛しのマスコット

第6章 プロ選手の生き様

第7章 蹴球妄想喜怒哀楽

第8章 Jのチームを追いかけて

第9章 海外サッカーとW杯

第10章 東奔西走の日々

第11章 サポーター、それぞれの戦い

本書は日本スポーツ企画出版社発行の「サッカーダイジェスト」に
２０１２年４月17日号から連載中のコラム
「アディショナルタイムに独り言」より１２５本を抜粋・加筆改稿し、
書き下ろしを加えて構成したものです。

本書記載のチーム名、スタジアムの名称などの固有名詞、
選手や監督の所属クラブなどは、
雑誌掲載時点のものを原則としました。
現在とは異なる場合があります。ご了承ください。

第1章 スタジアムに心躍る

今日も、偶然の出会いが待っている

――書き下ろし

「写真撮ってもらってもいいですか?」と京都サンガF.C.のホーム、西京極総合運動公園陸上競技場兼球技場(現・たけびしスタジアム京都)で、ある女性に声を掛けられた。いつもなら、「いいですよ」、もしくは「もちろん」、または「拡散希望です」と言うところだが、この女性に対しての私の返答はいつもと違う。

「いつも、太鼓叩いている人でしょ?」

彼女は、京都の試合の時、いつもゴール裏で太鼓を叩いている。自宅でJリーグの試合をカテゴリーに関係なく、何試合も見るので、中継映像に映る彼女を私は記憶していた。

「ひらちゃん、何でも知ってるわ!」と彼女は言うけど、自分の中ではそんなことは当たり前のことだし、テレビの中の人に会えた喜びを感じているのは、どちらかと言えば私のほうだ。

なぜか指を怪我していて、今日は太鼓を叩けないと言っていたけど、いつも太鼓を叩いている女性と太鼓を叩けない日に遭遇するなんて、確率的にはかなり低く、奇跡の一歩手前ぐらいのレアケース。スタジアムに行けば、いろんな人に会える。そんな出会いも、スタジアムに行く喜びのひとつだ。

埼玉スタジアム2002では、小学校、中学校のサッカー部で一緒だった一学年上の先輩に会った。今は亡き4つ上の私の兄の同級生にも声を掛けられた。どのスタジアムの、どの試合を見に行くかなんて、明確な理由はなく、ほとんど気まぐれみたいなもの。そんな気まぐれで行ったスタジアムの、何万人の中で先輩と出会うなんて、奇跡に近い。サッカーの力、そしてスタジアムの持つ力はなかなか偉大だ。

福島ユナイテッドFCのホーム、とうほう・みんなのスタジアムでは、小学生が駆け寄ってきた。劇団ひまわり級の滑舌の良さで「いつもサッカーダイジェストを読んでいます。面白いです」と言うと、すぐに踵を返し去っていくという、すべてが芝居のような子どもにも遭遇した。

冒頭の太鼓女子に会った西京極で、男性に声を掛けられた。「大分（現・神戸）の藤本憲明の義理の兄です」。スタジアムで選手の家族と出会うことも少なくない。その男性と写真を撮った。ハーフタイムにはお茶をいただいた。良い人だなぁと思いながら、試合を見ていたが、頭の片隅に小さな疑問が生まれていた。

今まで、選手の家族と思われる人に声を掛けられ、会話を交わし、写真を撮ってきたが、それはあくまでも自己申告だ。それを勝手に私は信じているが、真偽のほどは分からない。兄弟、親子なら似ている部分があったりもするが、夫婦や義理の兄なら似ていなくて当たり前。ならば、なりすまし嫁やなりすまし義理の兄であってもおかしくないのだ（そんなことをしても何の得もないけど）。

そんなことを考えていたら、藤本憲明の義理の兄が携帯電話を片手に近づいてきた。携帯電話には動く藤本が映っている。ＦａｃｅＴｉｍｅでつながっていたのだ。お兄さん、いや義理のお兄さん、疑ってごめんなさい。スタジアムのこんな出会いが大好きなので、また声を掛けてください。いや、今度は私から声を掛けます。

（マニアック指数90％）

足を運んでこそ残る記憶

——2014年4月15日号掲載

スタジアム観戦よりテレビ観戦のほうが、ゲーム自体の記憶は残る気がする。その代わり、スタジアム観戦のほうが、その日の気温や風の強さだったり、売店の女子の可愛さやサービスエリアで食べたアメリカンドッグの衣の厚さだったり、駅前の風景だったり、ゲーム自体から少し離れた様々なことが記憶に残る。

2月、テレビのニュースから流れてくる映像は衝撃的だった。ヴァンフォーレ甲府のホーム戦を訪れた際に何度も降り立っている甲府駅や、そこにつながる道路にあまりにも多くの雪が積もっていたのだ。記憶の中では、降り立つとうだるような暑さを感じると同時に、蝉の鳴き声が耳から離れない、あの甲府駅が雪に埋もれていた。そして、映像からただならぬ状況が容易に理解できた。

開幕節のホーム戦、甲府は山梨中銀スタジアムを使用できず、最終的に国立競技場で試合は開催された。甲府市内の移動だけでも大変なはずなのに、国立競技場にはいつもと同じように多くの看板が設置され、ボールパーソンの少年たちも甲府から来ていた。いつもと同じような雰囲気を、甲府の関係者の方々が国立競技場に作り出していた。本当に頭の下がる思いになった。

2週間後、甲府駅にはまだ少し雪が残ってはいたが、肌寒さは残るものの、良い天気に恵まれた。道路にはほぼ雪もなくなり、天気も良くなったせいか、スタジアムに向かうタクシー運転手のおじさんは饒舌。

「やっと小瀬で試合ができるねー。でも、ヴァンフォーレダメだねー。弱いもんね」

この言葉を真に受けているようでは野暮である。関西方面のタイガース好きのおじさんは、どんなに勝っても、優勝しても、なにかと文句を言っている。おじさんは甲府が好きなのだ。面白そうなので、もう少し話を聞いてみた。

「だって、この前も鹿島に子ども扱いでしょ！　ちょっと活躍したら、他のチームに(選手を)持っていかれるし」

ほら、詳しいじゃない！　好きなんでしょ！　楽しい気持ちになって山梨中銀スタジアムに到着。試合前のアップ時、甲府のGKが登場し、甲府のサポーターが盛り上がり始めた頃、甲府のマスコット、ヴァンくんとフォーレちゃん、そしてこの日の対戦相手であるアルビレックス新潟のアルビくんが甲府サポーターとは反対側の新潟サポーターの前に現れ、新潟サポーターから大きな拍手をもらっていた。ヴァンくんとフォーレちゃんが持っている画用紙にはこのようなことが書かれていた。「新潟のみなさん、除雪のお手伝いありがとう!!」。

フォーレちゃん、アルビくん、ヴァンくんの画用紙にメッセージが！

アウェー側のサポーター入場口ではゲーフラを持ち、ひとり立ち続ける女性がいた。ゲーフラには「新潟の皆さま、除雪の支援と励ましの言葉ありがとうございました!!」と書かれていた。

大雪の被害に苦しむ甲府に、新潟から除雪車が来てサポートし、とても助かったという。そして、掲示板には新潟の方から多くの励ましの言葉が送られたそうだ。ゲーム自体とは関係ないけれど、忘れられない光景がまたひとつ増えた。

（マニアック指数80％）

それぞれの夢のスタジアム

――2016年5月26日号掲載

学生時代、サッカーをプレーするフィールドはもちろん土。スライディングをするたび、風呂に入る勇気をなくすような傷をたくさん作った。

ところが、高校生になると夢の舞台が待っていた。芝生である。全国大会大阪予選の準決勝と決勝は、芝生のフィールドでプレーできるのだ。準決勝は大阪の公園にある球技場。決勝は長居陸上競技場（現・ヤンマースタジアム長居）。芝生と言えども緑ではなく、黄金色だったが、それでも芝生の競技場でプレーするのは夢だった。

それから月日は流れ2016年、大阪の子どもたちが世界に誇れる夢の舞台が完成した。市立吹田サッカースタジアム。ゴールデンウィーク初日、初めて足を運んだが、見事に演出された非日常感に圧倒された。一歩足を踏み入れれば現実を忘れ、夢の世界に吸い込まれる。まるで劇場のようだ。整備された緑の芝生は美しく輝き、上に行けば行くほど角度のついたスタンドが、スタジアムの一体感を生み出す。

この四角形の構造物は実にコンパクトで、実際は長方形のはずなのに、中に入ると正方形のような印象を受ける。そして、スタンドの角度と屋根のおかげで外の景色が見え

「野津田」の電光掲示板。最新式ではないけれど、この雰囲気もよかった

ないのが、さらに現実を上手く遠ざけてくれる。サッカーに酔える、浸れる最先端のスタジアム。今度はナイトゲームに行って、LED照明の演出にも酔ってみたい。

大阪の子どもたちは夢あるな〜。ただ、子どもたちの夢は大阪だけでなく、町田にもある。現在、J2で好調なFC町田ゼルビア。この町田市立陸上競技場で試合後に行われるイベント「ふれあいサッカー」が、程良く夢を体感できて大好きだ。試合後のピッチで、ゼルビアの選手たちと子どもたちがサッカーで触れ合うというもの。ついさっきまで憧れの選手たちがプレーしていたピッチに立ち、同じようにボールを追いかける、実に夢のあるイベントだ。
そして、通称「野津田《のづだ》」と呼ばれるこの場所が持つあったかい雰囲気も大好きだ。非日常ではなく、日常から少しだけ離れた感じがたまらない。最新鋭のスタジアムではないけれど、電光掲示板に映る中島裕希の表情にも味がある。少年サッカーの街、町田のスタジアムにも夢が詰まっている。

（マニアック指数80％）

あのチャントが聞きたくて

――2013年10月22日号掲載

♪リンド　リンドー　リンド　リンド　リンドー♪
ガイナーレ鳥取のサポーターから聞こえてきたのは、今季途中にヴァンフォーレ甲府から期限付き移籍で加入した、林堂眞《りんどうまこと》のチャント。THE BLUE HEARTSの『リンダリンダ』の曲に乗って。このハマり具合が実に気持ち良い。聴いた瞬間に「ですよね！」と思わず納得。「りんどう」の苗字を使おうとして、島倉千代子の名曲『りんどう峠』を選択しなくて良かった。
♪りんりんりんりんどうは　濃むらさき♪
60歳以上のスナックのママなら、裏声で歌ってくれると思うが、スタジアムでシャウトするのは困難だし、リズムもかなりまったりだ。リンダはリンダでもアン・ルイスの『リンダ』でもない。そもそもバラードだ。
♪Hey　LINDA　泣いてばかりの恋はもう終ったの♪
これはもう泣きたくなってしまう。
やっぱりTHE BLUE HEARTSの縦ノリ感は最高で、歌詞と選手名のフィット感がドンピシャだ。

守備的な選手だが、このチャントを聞きたいがために、林堂にどんどんシュートを打ってほしいと思っているのは、私だけではないはずだ。

♪ヒラヤマ×7　ヒ・ラ・ヤ・マー♪

ご存じ、FC東京の平山相太のチャント。これも実に素晴らしい。歌詞は「ヒラヤマ」だけなのに、平山のスケールの大きさが伝わってくる。

このチャントを聞くたび、脳内には平山という仮想の山、もしくは山脈のようなものが浮かび、雄大な自然が広がる。余計な装飾もなく、メロディと名前だけで、選手の体格やプレースタイルまで表現。縦ノリではなくとも、スタジアムに一種のグルーヴ感を生み出すこのチャントの力は偉大だ。

♪塩沢ゴール　ラララ×3　今日もゴール決めちゃって♪

松本山雅FCの塩沢勝吾のチャントだ。これが始まると、松本のゴール裏はボルテージが一気に上がる。歌いながら手を叩き、両手を左右に振る。子どもにも難しくない。老若男女を問わず、一緒に楽しめる。

そして90分間献身的に走り、身体を投げ出し、泥臭くゴール前に飛び込む塩沢の男臭いプレースタイルと、「今日もゴール決めちゃって」というポップな言い回しのギャップがたまらない。松本サポーターの楽しむ姿勢が表現された、素晴らしいチャントだ。

イングランドでは、コールリーダーがいないのに自然とチャントが湧き上がるらしい。だけど、それだけでサッカーやサポーター文化が進んでいるとは思わない。日本にも素晴らしい文化がある。そして、各スタジアムで数々の名曲が生み出されている。あの歌が歌いたくて、聞きたくて、今日もスタジアムに行く。

（マニアック指数80％）

選手の入場シーンがたまらない

——2017年8月24日号掲載

客電が落ちて暗転すると、多彩な光線が眩い輝きを放つ。強烈なピンスポットの先には、鍛え上げられた肉体の上にきらびやかな衣装をまとった男が仁王立ち。その瞬間、場内は大歓声と興奮に包まれる。

そんなプロレスやボクシングなど格闘技の選手入場シーンには毎度興奮させられる。ゴングが鳴れば、勝つか負けるかの非情な現実しか待っていない。その戦いの想像もピークに達する入場シーンは、観客のボルテージが最高潮に達する瞬間でもある。

サッカーの入場シーンで、そこまでの派手な演出はできないかもしれない。それなのに、メインスタンドの下から登場した選手たちが整列して、一礼するという流れを見ると、それなりに気持ちが高揚するから不思議だ。

味の素フィールド西が丘（いわゆる西が丘サッカー場）はたまらない。メインスタンドとゴール裏のスタンドがつながる角あたりから、両チームの選手が登場し、タッチラインと平行にハーフウェーライン付近まで行進する。スタンドの雰囲気も良く、一歩一歩ピッチを踏みしめる時間のかかり具合が、試合開始までの興奮をさらに増幅させる。

マンチェスター・Uのオールド・トラフォードもそのような導線で、チェルシーやドルトムントもピッチを横切って入場する。ゴール裏の地下から登場するナポリはなんとも趣がある。これから日本で新スタジアムを建てるのであれば、そんな入場シーンの高揚感のことまで念頭に入れてほしい。

選手入場の際の歌も大切な要素だ。あまり格好良いとは思えないバルセロナの『イムノ』もカンプ・ノウでの大合唱が始まると痺れる。レアル・マドリーの荘厳な『アラ・マドリー』もスタジアム全体の空気をピリッとさせる。

ただ、そんなヨーロッパのビッグクラブにも負けない入場シーンを演出し、素晴らしい雰囲気を醸し出しているクラブが日本にもある。J3のブラウブリッツ秋田だ。

歌われる『秋田県民歌』がまず心に響く。派手さや軽快さはない。大学生の寮歌のような武骨さ。力強い太鼓の音をバックに斉唱が合図となり、戦いへのスイッチが入る。歌詞は読めないような漢字も多いが、故郷の自然を讃える想いがまっすぐ伝わってくる。

そして「ブラウブリッツ　あきた　あきた　あきた！」と繰り返した後、すべては愛する秋田のため、と続く。入場シーンの感動レベルは間違いなくJ屈指だ。

（マニアック指数85％）

「柏熱地帯」とデカい唐揚げと

――2012年5月1日号掲載

スタジアムを劇場に例えることがあるが、柏レイソルのホームスタジアム、日立柏サッカー場（通称・日立台）を、私はライブハウスだと思っている。

ピッチ上で繰り広げられるサッカーの情熱と縦ノリのサポーターが生み出すグルーヴ感。その渦に巻き込まれていくメインスタンドやバックスタンド。この熱狂を生み出すゴール裏がリニューアル。昨季まではアウェー側だったスタンドがホーム側になり、スタンドも増設された。

これが、なかなか素晴らしい。

まず、ネーミングが素晴らしい。このエリアは「柏熱地帯」と書いて「はくねつちたい」と呼ぶ。「明日、サッカー観に行く?」より「明日、柏熱地帯行く?」のほうがワクワク感がかなり増す。

そして、スタジアムの外観がまた良い感じ。シンプルな造りながら、その中央に鎮座する柏のエンブレムが神々しい。太陽王のはずが太陽神に見えてくる。その太陽神の視線の先には綺麗に舗装されたスペースがあり、そこにはフードコートが広がる。人気のあるお店の前には行列が出来る。そして、並びやすいように、地面にテープが貼られている。

ここで気を抜いてはいけない。普通のガムテープと思いきや、よく見ると柏のロゴ入りテープではないか！　普通のガムテープでいいじゃないかなどと野暮なことを言ってはいけない。なぜならば、ここは柏熱地帯だからだ。

その柏熱地帯にある、絶品グルメのひとつをご紹介。「サムライ」というお店で売られている鶏の唐揚げ（柏の唐揚げという柏熱地帯に相応しいネーミングで売られている）。これが、本気で美味い！

まず、一つひとつがかなりデカい。この男らしさこそ唐揚げの魅力（フランス語とか、スペイン語なら唐揚げは男性名詞にするべき）。柏の選手で例えるなら工藤壮人だ。味は言うまでもない。衣の香ばしさと、鶏肉のジューシー感。ビールに合うことは間違いないが、ご飯も食べたくなる。30歳を超えても、いまだに居酒屋で最初に唐揚げを注文する無類の唐揚げ好きの友人つっちー（サッカー関係者）もその味を認めた。

その場で揚げているので、もちろん熱々！　極めつきは、その大きな揚げ立て唐揚げが5個入りで500円。安い！　これは食べる価値あり。おススメです。

さて、新設された2階席にも行ってみた。これが、最上部でもピッチがよく見える。これ当たり前だけど、今までになかった目線で、このスタジアムを見ることができる。これがまた新鮮。コンパクトなスタジアムと視野の広さ。これを柏の選手で例えるなら大谷秀和だ。

1階は立ち見。今までどおり、存分に縦ノリができる。試合前、何人かのサポーターと話をしたが、スタジアムのことを語る時の表情が誇らしげなのが印象的だった。これこそ、サポーターとスタジアムの理想的な関係。柏熱地帯は熱い！　それに負けないぐらい、唐揚げも熱い！

（マニアック指数60％）

男前なガッツポーズ

——2012年6月12日号掲載

スタジアム観戦の良さは、ライブ感、臨場感、その場の空気感など様々だが、もうひとつ、〝どこを見ようと自由〟というのがある。

味方がゴールを決めた時のキーパーの喜び方を見るも良し、なんだか慌ただしい第4審判を見るも良し、ベンチ裏で少し手を抜きながらアップする選手を見るも良し。肌の露出が多い女子が座っていたりすると、もう大変だ。

昨季、スタジアムで〝良いモノ〟を見つけたが、まだ飲みの席で2回ぐらいしかしていない話がある。そんな「ひとりぼっちのガッツポーズ」のエピソードを、忘れないうちにしておきましょう。

2011年6月18日、埼玉スタジアム2002での16節、浦和レッズ対清水エスパルス戦。ボスナーの〝ドカーンFK〟2発と高原直泰のゴールで、清水が3対1で勝利したが、注目は清水の2点目が決まった64分のシーンだった。

高原が古巣の浦和相手にヘディングを決め、清水サポーターは熱狂に包まれる。しかし、私の目が釘付けになったのは、ゴールを喜ぶ高原ではなく、清水のベンチ前でひとり喜びを噛みしめるようにガッツポーズをする大前元紀だった。ピンポイントクロスでゴールを演出し、いわゆる「仕事をした」という感じが、それも通常業務ではない「大きな仕事をした」という感じが、ビンビン伝わってきた。

誰かにアピールするというよりも、身体の底から自然に湧いてくる喜びを、自分で確かめ、味わっているようにも見えた。歓喜の輪はゴール前にできていて、大前の周りに選手はいない。まさに〝ひとり舞台〟。それも、感動的な舞台だった。

11年10月16日、等々力陸上競技場での29節、川崎フロンターレ対アルビレックス新潟戦。59分、70分とゴールを重ねた新潟だが、しかし、そう簡単に事は進まない。80分に菊地直哉が退場となり、新潟はひとり少ない状態に陥ってしまう。反撃に出る川崎。89分、川崎のジュニーニョにゴールを許し、ついに1点差。盛り上がる川崎サポーター、一方の新潟サポーターは手に力が入る。

アディショナルタイムに入り、なお新潟ゴールに迫る川崎。そんな時、新潟の酒井高徳が足を痛めてしまう。ネコの手も、いやネコの足も借りたいような危機的状況の中、酒井はピッチに戻れず、自陣のゴール裏で治療を受けていた。

もちろん、酒井はすぐにでもピッチに戻りたかっただろう。しかし、負傷で動けず、結局、担架に仰向けに乗せられてしまう――。だが、その担架が持ち上げられた瞬間、タイムアップの笛が鳴った。逃げ切りに成功し、沸き上がる新潟サポーター。と、その瞬間！　足を痛めて担架に乗せられていた酒井が、仰向けの状態でガッツポーズをしていたのだ！

目立たないコーナーフラッグ付近でのガッツポーズ。足も相当痛かったはずだが、試合後、その一部始終について訊くと、彼はこう答えた。「サポーターが見てくれているかなーと思って」。

男前なガッツポーズだった。

（マニアック指数75％）

湘南のスタジアムを包む一体感

——2015年8月13日号掲載

「戦闘開始！」。こっちはこっちでサッカーやるから、そっちはそっちで楽しんでくれと言われればそれまでだけど、できることならピッチとスタンド、選手と観客が一体となって、目の前の一戦に挑み、楽しみたい。

試合直前、各チームで儀式のようなものや、様々な演出が行われるが、湘南ベルマーレの試合前の演出はかなりテンションが上がり、スタジアムに一体感を生み出す。

まずは選手紹介。テンポの良いリズムに三味線の音が乗る。そこに、スタジアムナビゲーターの三村ロンドさんの迫力ある声が響き渡る。

ロンドさんは様々な番組のナレーターとしても活躍。言葉を操る技術は一級品で、アウェーの地にも足しげく通う湘南サポーターだ。

そして、体格の良さから3ナンバークラスの余裕のある声量。〝ベルマーレ愛〟のこもった聞きやすく通りの良い声は迫力満点である。

なおかつロンドさんは、ピッチレベルではなく、湘南サポーターが陣取るゴール裏に近いメインスタンド最前列に立ち、観客を煽る。

ビジョンには、各選手の漢字のキャッチフレーズが映し出される。

「湘南乃誇NO・3　えんどう！」と呼び掛けると「わたる！」と観客が呼応。コール&レスポンス方式。

大竹洋平は「不死鳥」と書いて「フェニックス」。

秋元陽太は「攻勢防壁」と書いて「ファイヤーウォール」。

次第にボルテージが上がり、選手入場前の煽りVTRが始まる。

湘南の選手のプレーシーンが何カットも映し出された後、おもむろに始まるカウントダウン。画面の右半分は選手のアップ写真。左半分は背番号。背番号の大きい選手から次第に紹介され、「3　遠藤航」、「2　菊地俊介」、「1　秋元陽太」。そして、曺《チョウ》貴《キ》裁《ジェ》監督の写真の横には「GET3」。

　画面はブラックアウトし、じわじわと盛り上げてくる音楽にギターソロが加わって、会場の熱気が最高潮に。すると画面は突然明るくなり、浮かび上がる文字は「戦闘開始」。「S・H・O・N・A・N 湘南！」で始まる、湘南乃風の曲『SHOW TIME』が鳴り響き、ゴール裏は大歓声に包まれる。

　メインスタンドに座っている、人生の先輩たちもアップテンポな音楽に合わせて手を叩き楽しんでいる。画面の下4分の1のあたりに、太鼓の達人のように丸が流れてきて（丸と言っても、マスコットキングベルI世の顔）、手を叩くタイミングが分かりやすい仕様になっているのだ。

スタジアムに生まれる一体感。その演出は「お楽しみください」でも「楽しめ!」でもない、湘南のポリシーが息づいている。

たのしめてるか。


（マニアック指数70%）

またどこかで……

――2019年1月24日号掲載

「今度、うちのチームの試合に来てよ‼」

アスルクラロ沼津のホームスタジアムの喫煙所で声を掛けてくれたのは、静岡のシニアリーグでプレーし、沼津の試合では会場設営を担当する中年男性だ。彼とはいつもこの場所で会い、煙草1本分の時間だけ他愛のない話をして別れる。そんなひと時がたまらなく好きだ。他にも、こんなふうになぜかスタジアムでよく会う人が何人かいる。

ヴェルディ一筋で、昔からスタンドで太鼓を叩き続ける女性サポーター。アルビレックス新潟の応援をしながら、サウルコス福井の試合にも足を運ぶ女性。最近は落ち着いたけれど、かつては髪の毛をカターレ富山のチームカラーのように青く染めていた男性。みんな久しぶりなのに、会った瞬間に空白の時間は埋まり、そして、なんてこともない話をした後、何の確証もないのに、当然また会えるような気持ちになって別れる。

なかでも頻繁に顔を合わせるひとりが、以前はJリーグで笛を吹いていたレフェリーで、現在は審判アセッサー（審判の評価、指導を行う人）を務める前田拓哉さん。非常に明るくフランクな方で、会話をしていてもとても心地が良い。

去年の夏に会った前田さんは、真っ黒に日焼けをして、いつも以上に元気そうに見えた。だから何気なく、「ずいぶん日焼けしていますね」と話し掛けたのだけれど、のちにこの言葉を少し後悔することになる。

日焼けの理由のひとつは、彼が子どもたちにサッカーを教えているから。今度、大きな大会に出場することになったと、嬉しそうに話してくれた。後悔したのは、もうひとつの理由を知ったからだった。

広島県で消防士として勤務しながら、Jリーグの審判員を務めていた前田さん。最近は消防活動の現場に出る機会も少なくなったと話していたが、昨年は西日本豪雨があり、甚大な被害を受けた広島の復旧・復興のため、前田さんも被災地で作業にあたっていたのだ。それも、自分たちの家のことは後回しにして――。

つまり、炎天下での過酷な作業で、否応なしに日焼けをしてしまったのだ。道路が寸断され、試合会場に出向くのにも相当な時間を要したと聞く。本当に頭の下がる思いがした。新しい年を迎え、改めて被災地の一日も早い復興を願うばかりだ。

（マニアック指数90％）

花より団子、花よりサッカーと言うなかれ

――2016年4月14日号掲載

♪中央フリーウェイ　右に見える競馬場　左はビール工場～♪

ユーミン（松任谷由実）の名曲のひとつ、『中央フリーウェイ』の一節。新宿方面から府中方面に向かう中、東京競馬場が見える前に甲州街道（国道20号）に降りると、右側に見えるのが味の素スタジアム（味スタ）。そのスタジアム前の交差点を右に曲がると、この時期には最高の景色に出会える。桜並木だ。

これが本当に美しい。それまで桜の予感などまるでないのに、曲がった瞬間、視界が桜に包まれる。このサプライズ感がたまらない。道の両脇に居並ぶ桜の美しさに心奪われること間違いなし。そして、この時期だけ花の写真を撮っているおじさんの気持ちがよく分かる。モデルが美し過ぎるんだ。文句も言わないし。

だけど、なかなか良い写真が撮れない。ベストショットを撮ろうと悪戦苦闘しているうちに、キックオフの時間が迫ってくる。歩道から見るも良し。スタジアムの入り口に通じる歩道橋の上から眺めるも良し。

選手や監督はスタジアムに足を運べども、スタジアムグルメを楽しむ機会は当然ないが、この桜は移動バスからでも堪能できるはず。この時期、味スタに行く楽しみのひとつ。選手にも楽しんでほしい。

盆栽で有名な大宮だが、桜も素晴らしい。NACK5スタジアム大宮がある大宮公園の桜もたまらない。咲き誇る感じだ。花見客でごった返し、出店の類いも多い。もちろん、ユニホーム姿のサポーターもちらほら。試合前から盛り上がっている。

いつもは静かな大宮公園だが、桜の季節は大賑わい。出店から漂う醤油の焦げた匂いに鼻孔をくすぐられながら、ビニールシートを敷いて大騒ぎの酒宴場を通り、スタジアムに向かうのも、なかなか乙なもの。しかし、しらふであのエリアを歩くのは、結構な苦行である。

三ツ沢公園の桜も美しく、日本平の桜風景も壮観だ。水戸の偕楽園の梅も優美で、山形のNDソフトスタジアム山形の前で見たひまわりも綺麗だった。群馬の正田醤油スタジアム群馬がある敷島公園は、薔薇で有名だ。

名所旧跡はどこにでもあるけれど、花は季節が限られているので価値があるし、記憶にも残る。花より団子、花よりサッカーなどと言うなかれ。花も団子もサッカーも楽しみたい。

（マニアック指数80％）

味の素スタジアムの周辺には美しい桜並木が続く

第2章 味わい深い人々

とにかくサッカーに熱い〝きっさん〟

――書き下ろし

Jリーグの監督の方には人間的に興味深く、面白い人が多い。サガン鳥栖、横浜FC、カターレ富山で監督を務め、現在、栃木シティフットボールクラブで監督を務める岸野靖之氏もその一人。

トレードマークは赤い帽子。何があっても「負けたらあかん!」と言う岸野氏(通称きっさん)はサッカーだけに限らずとにかく熱い漢《おとこ》。

急に熱くなったりするような人ではない。常温がかなり高めで、東京の銭湯並み。付き合うこちらも、ある程度気合を入れていかないと低温火傷してしまう可能性もある。

サガン鳥栖の監督時代、時折試合後にマスコミの人を連れて、サガン鳥栖を応援してくれている閉店後のラーメン屋に行ったきっさん。熱い男なので、ここでもサッカートークが尽きることはない。きっさん曰く「このラーメン屋でラーメンを食べたことがない」。

店主が作ってくれる料理を肴にビールを飲み続けた。その日の対戦相手の水戸の記者も同行していた。こんなにサッカーに熱い人が監督であることが少しうらやましくもあった。気付けば夜が明けていた。

ようやく店を出て、鳥栖駅前にあるJ2の順位表の前に連れていかれた一行。「鳥栖がこんな順位ではあかん！」。朝から吠えるきっさん。サッカーへの熱さに感動したのか、ようやく解放されたことへの喜びか理由は定かではないが、水戸の記者は朝の鳥栖駅前で泣いたという。

キャンプ中の練習試合で負けた時、きっさんは悔しさのあまり、体内から溢れ出る怒りのマグマを抑える術が分からなくなった。そこで柔道経験者のきっさんはフィジカルコーチの芝田貴臣を呼び、寝技を掛け続けた。その時間、なんと1時間弱。ようやくマグマが沈静化した頃には日も落ち、選手たちもみんな帰って、グラウンドにはふたりだけだったそうだ。

「肉離れは風邪と同じ（つまり気合が足りないということ）」という名言を時に発するきっさんに、ある日こんなことを言われた。

「ひらはたさん！　うちが勝ったところ見たことないでしょ！」

きっさんが監督を務めるサガン鳥栖をホームでもアウェーでも何度も現地観戦したが、勝利したところを見たことがなかった。私も少し気にはなっていたが、きっさんも気付いていたようだ。実は繊細な漢でもある。「勝つまで見に来ますよ！」。この人の前では、なぜか嘘がつけない。実際勝つまで何度も足を運んだ。

横浜FC時代、勝利監督インタビューを受けるきっさんは、インタビューの最後にリポーターのマイクを取り上げ、スタジアムに向かって（もちろん生中継でも流れている）、突然こんなことを言い出した。「ひらはたさん！　誕生日おめでとうございます！」。最高に恥ずかしくて、最高に嬉しかった。何事にも熱く、ストレートなきっさん。大好きな監督のひとりだ。

（マニアック指数85％）

湘南のバンディエラ

——2016年3月24日号掲載

Shonan BMWスタジアム平塚の記者席で試合を見ていると、ハーフタイムが終わった頃にありがたい一瞬が訪れる。そこにいる人たちに、紙コップに入ったお茶が配られるのだ。これが本当に嬉しい。

風が強く、横殴りの冷たい雨が降り、寒さを感じるある試合でのこと。いつものように、記者席にはお茶が配られた。しかも、お茶は温かい。細かな気遣いを嬉しく思いながら、後半がスタートしているピッチに目を移した。

すると、ビニール傘を持ちながら撮影していたカメラマンの傘がその手から離れ、陸上トラック付近を舞い始めた。傘はピッチに向かう様子ではなかったが、風向きによってはピッチに入って、試合の進行に支障をきたす可能性もあった。

しかし次の瞬間、私は目を疑った。先ほどまで記者席でお茶を配っていた女性が、その傘を拾い上げたのだ。瞬間移動か？　イリュージョンか？　引田天功もびっくりの動きを見せた。この女性こそ、湘南ベルマーレの広報、遠藤さちえさん。面と向かっては言えないが、私の界隈では敬意と親しみを込めて「さっちん」と呼んでいる。美しいさっちんの仕事ぶりは、ビニール傘の一件のみならず非の打ちどころがない。メディアの規模や性別、年齢に関係なく、湘南に関わるすべての人を受け入れ、的確に仕事をこなし、フランクな会話にも笑顔で付き合ってくれる。

サッカーだけでなく、ビーチバレーなど湘南の様々な広報業務に携わり多忙を極めながら、寝てない感、疲れてます感を一切見せず、昇格などでどんなに忙しくても、ヒステリックな対応など皆無だった。

そんなさっちんの仕事ぶりもあってか、湘南の選手たちの取材対応はすこぶる良好。きっと選手たちもさっちんの姿を見ているからに違いない。クラブに対する愛情や明るく献身的に仕事に打ち込む姿勢は、湘南スタイルの体現者と呼ぶに相応しい。

そして、こういう人たちがクラブやJリーグを支えている。先日、久々に会ったさっちんは、開口一番「広報を代わることになりました」。予想外の言葉に驚いたが、「営業になります」と続けた。

湘南の〝バンディエラ〟は、ポジションを変えても、明るく献身的に湘南を支え続けるはずだ。

（マニアック指数90％）

週末に懸けるチアリーダー

――２０１３年11月５日号掲載

♪オー　オー　オー　オ　オー　コンサドーレ札幌♪

コンサドーレ札幌のホームゲームをセクシーな短パン姿で盛り上げるのは、オフィシャルダンスドリルチームのコンサドールズ（ガンバサダーのような、なにかとなにかがくっ付いたような語感は好きだなー）。聖地・厚別のスタンドとピッチの間にある陸上トラックを華やかなダンスと小気味良い旗捌きで埋めてくれる。

溌剌とした笑顔でスタジアムを盛り上げる彼女たちも、選手と同じく、ジュニア、ユース、サテライトと階段を上り、ピラミッドの頂点に上り詰めた人たち。チーム状況が良かろうが悪かろうが、笑顔で踊り、観客を盛り上げる姿にパワーをもらった人も多いはずだ。

ＩＡＩスタジアム日本平をパルちゃんと盛り上げるのは、清水エスパルスオフィシャルチアリーダーのオレンジウェーブ。試合前にはピッチで統率の取れたダンスを披露し、試合中はスタンドの端や階段付近で観客と一緒に声援を送る。

勝利した時は、試合後の勝ちロコを盛り上げ、選手が去った後は、スタンドに残る観客とコミュニケーションを取る。ただ踊るだけでなく、ただ盛り上げるだけでなく、このホスピタリティこそオレンジウェーブの真骨頂。美味しい料理後の〝スイーツ〟の役割をしっかり果たしている。

先日、スカパー！のイベントで、視聴者の方と観戦するため東北電力ビッグスワンスタジアムにお邪魔した。

試合前、選手たちのウォーミングアップを陸上トラックから見ることになった。その私たちの目の前に現れたのは、アルビレックスチアリーダーズ。もちろん、スタンドの観客を盛り上げるために。

ただ、私たちとチアリーダーズの距離が尋常ではなく近い。本当に至近距離。チアリーダーを近くで見てみたいなどと、日頃阿呆なことを考えたりしていたが、いざ接近してみると、結構恥ずかしい。直視できない。しかし、さすがチアリーダー。私たちの視線を感じているのか、感じていないのかは知る由もないが、まったく気にする素振りもなく、堂々とした振る舞い。圧倒されました。

ハーフタイムに、イベント参加者の方と話していると、突然カメラをピッチに向けて構え出した。「娘が、娘が……」。チアリーダーズのトップからキッズまで200人ほどが、陸上トラックを行進し始めた。その中に娘がいると言う。しかし、みんな同じ格好をしている。結構な人数で、スタンドからは少し距離がある。ゆえに、なかなか見つからない。やっと見つけた時には、もう後ろ姿だった。彼女は、すぐに見つけられるようなトップチームにまで辿り着けるだろうか？

自分を表現する華やかなダンスはＦＷのようでもあるし、寸分違わぬ立ち位置を維持する気配りはＭＦ、自分よりも観客を考える献身的な姿はＤＦ、堂々とした立ち居振る舞いはＧＫのよう。週末に懸ける想いは選手となにも変わらない。

（マニアック指数80％）

マネージャーたち、それぞれの選択

——2015年3月26日号掲載

試合後のミックスゾーンは悲喜こもごも。決勝点を決めた選手はスポットライトを浴び、質問攻め。ホームで敗れて、誰にも声を掛けられないようにうつむき、急いで通り過ぎようとする選手もいる。

そんな中、勝とうが負けようが、黙々と仕事を続ける人がいる。マネージャーだ。ロッカーを片付け、大きな荷物を運び、トラックに積んで移動する。昨年、仙台で行われたチャリティマッチにも、例年どおりその姿はあった。

横浜FCのマネージャー、下久保勇樹。青森出身の彼は、東北出身者として力になれればと、毎年チャリティマッチにマネージャーとして参加している。坊主頭で優しい下久保さんに会場で会うと、挨拶をして取り留めもない話をするのが常。しかし、昨年の暮れは挨拶後の言葉が違った。

「横浜FC、辞めます」

監督交代がきっかけなのか、他チームに引き抜かれたのかなど、いろいろ想像してみたが、理由は「青森の実家の農業を継ぐため」だった。サッカーの世界から顔見知りがいなくなるのは寂しい気もしたけれど、彼の働きっぷりを見ると、きっと良い農作物を作るに違いない。そして、青森の地から横浜FCを、日本のサッカーを見つめ続けてくれるだろう。

先日、東京ヴェルディ、FC町田ゼルビアでマネージャーを務めた渡辺直也（通称・わったん）の送別会に誘われた。

わったんはかつて、スカパー！でデータマンとして働いていた。試合中継の資料集めはもちろん、実況、解説の方に突然深い質問をされても、即座に答える情報量をいつも頭の中に蓄えていた。わったんの優秀さは、ただデータを持っているだけではなく、サッカーとリンクさせて言葉にできるところ。

そして、誠実な仕事ぶりと人柄の良さは多くの監督に愛され、選手やチーム関係者からも信頼されていた。そんなわったんが地元の兵庫県、西宮に帰るという。その理由を教えてもらった。

わったんは30代半ば。マネージャーにとって、30代半ばは微妙な年齢だという。この先どうするのか？　どうサッカーと関わっていくのか？　広報などのフロント業務にシフトするのか？　現場に留まるのか？

わったんは現場を選んだ。しかし、マネージャーとしては優秀でも、それ以外の実績がない。コーチングライセンスC級は持っているが、実績を作りたい。わったんは、実家で世話になりながら、高校などで指導実績を積む道を選んだ。サッカーへの情熱とその人柄によって、きっとJの舞台に戻って来るだろう。わったんは先日、こんなメールをくれた。

「勝負してきます！」

（マニアック指数90％）

〝煙草仲間〟だからこそ聞けた監督の本音

――2013年1月22日号掲載

新年明けましておめでとうございます。今年もサッカーに関する独り言をぼそぼそと呟いていこうと思っておりますので、箸休め程度に気楽に読んでいただければ幸いです。よろしくお願いいします。

新年を迎えるとなると、なにやら目標を立てる人もいるようですが、どれだけ肩身の狭い思いをしようとも、20年以上吸い続けている煙草をやめるというような目標を立てる気は皆目なし。この煙草のおかげで多くの人と出会い、多くの言葉を聞いた。スタジアムの隅に追いやられ、悪人の溜まり場のような喫煙所では、普段見せないような表情やなかなか聞くことができない言葉の数々と出会える（意志が弱く、煙草が止められない人間の言い訳かもしれませんが）。

ミシャこと浦和レッズのミハイロ・ペトロヴィッチ監督もそのひとり。彼は、私を見かけると必ず笑顔で煙草を差し出し、自分の煙草を吸うように促す。私も遠慮なしにいただく。挨拶的な会話を終えると、彼はひたすらサッカーの話を続ける。

「シーズンが始まると、ストレスのせいで煙草を吸う回数が増えてしまう」

プロの監督ともなれば背負うものも多く、多くのストレスがあるのだろう。

「シーズンが終われば、煙草の量が少し減りますね」と私。

すると「シーズン終了後は、誰か良い選手はいないものかと気になって、逆に煙草の量が増えてしまうんだ」とペトロヴィッチ氏。

1年365日サッカーのことばかりを考え、そのそばにはいつも煙草がある。

昨年途中で愛媛FCの監督を退任したイヴィッツァ・バルバリッチ氏も愛煙家だ。無表情で少し無愛想にさえ見えるが、彼が発する言葉はユニークで、いかなる時もサッカーを俯瞰している。昨年の天皇杯2回戦で湘南に敗れた時、相手のボールを奪い切れない愛媛の選手たちを、「まるでニワトリを追いかけているようだった」と表現。いくら捕まえようとしても、捕まえ切れない様子を見事に言い表した。

別の日には、有田光希は良いプレーヤーだという話になった。良いプレーヤーであればあるほど、活躍すればするほど、愛媛から出て行ってしまうかもしれない。私は冗談で「だからって、活躍するなとは言えないですよね」と訊いた。そうすると彼は、「サッカーの世界は自然界と同じなんだ。大きな魚が小さな魚を食べる。小さな魚がさらに小さな魚を食べる。自然の摂理と同じなんだ」。

とても深い話だった。実は、その場にある日本人監督もいた。彼は、監督業のプレッシャーと様々なクラブで仕事をする根なし草のような生き方を少し嘆いた。

そこでバルバリッチ氏はこう語った。

「君は間違っていない。監督という仕事は、スーツケースの中身を広げ過ぎてはいけないのだ」（監督業というのは常にクビと隣り合わせ、といったニュアンス）。

息子さんの容体が思わしくなく、シーズン途中で帰国してしまったバルバリッチ氏。今頃クロアチアでなにを想い、煙草を吸っているのだろうか。


（マニアック指数85％）

ジョルジ・ワグネル風味のケーキ

――2014年11月11日号掲載

静岡県内で放送されているテレビ静岡の『くさデカ』という番組に出演させていただいている。この番組は、基本的に静岡県内の美味しいものを視聴者の方に紹介するという、いわゆるグルメ番組である。

先日は、スイーツをテーマに藤枝市を訪れた。そのうちの一軒のお店は以前にも訪れたことがあるお店。ケーキの美味しさはもちろん、見た目の美しさは食べるのがもったいない、ずっと見ていたい気持ちにさせるほどである。そして、このお店のご主人はチョコレートの魔術師。その美味しさを熟知したご主人が作ったチョコレートケーキは絶品。溜め息が出るほどに美味しい。

子どもが好きそうな、ただただ甘いチョコレートでもなく、高価過ぎるチョコレートの渋過ぎる感じでもなく、本当にチョコレートが分かる人しか作り得ないような、甘さとチョコレート独特の苦さのハーモニーが絶妙なチョコレートケーキ。子どもには美味しいと言ってほしくない、でも子ども心も忘れていない。

「いかがですか?」とご主人に訊かれ、「美味しいです。大人が納得する味だと思います」と答えた。

「ジョルジ・ワグネル（現・鹿島アントラーズ／11〜13年まで柏レイソルに所属）みたいでしょ？」とご主人。「えっ？」。

するとと再び「いやいや、ジョルジ・ワグネルみたいでしょ？（大きめの声で）」。聞こえないから「えっ？」と言ったのではないですよ、ご主人。あまりに突拍子もない展開に驚いた「えっ？」なんです。藤枝の地で、美味しいスイーツにうっとりしているところに、突如現れたJ・ワグネル。私は、この番組でいつも食べ物をなにかに例えている。そして、私がサッカー好きというのを知っていてくれて、J・ワグネルというワードを言うと、きっと平畠は喜ぶに違いないと、前の晩に寝ずに考えてくれたそうだ。

しかし、私の薄いリアクションを察したご主人の次の一手は、「やっぱり中田浩二ですかね」と鹿島推し。確かに両者とも大人っぽいことには間違いない。しかし、なぜ藤枝で鹿島推しなのだろうか？　茨城出身でもなさそうなのに。

ご主人は、もともとジュビロ磐田を応援していたという。そこに、対戦相手としてやって来た鹿島、それもジーコのプレーに魅了されたという。プレーの優雅さやその佇まいはご主人の心を奪い、それからずっと鹿島を応援しているとのこと。

ご主人の影響を受けた、高校生と中学生の娘も鹿島ファンで、柴崎岳と土居聖真のファンであると教えてくれた。

たったひとりのサッカー選手が、人の心を奪い、趣味趣向を変え、家族にまで影響を与えてしまうなんて本当に素敵だし、もしあの日ゲームを観に行かなかったら、ご主人はチョコレートケーキを誰に例えていたのだろうか？

「ところでご主人、藤枝と言えばＭＹＦＣでしょ？」。そう尋ねると、「ＭＹＦＣの事務所、うちの隣です」。Ｊリーグの歴史を感じるロケとなった。

（マニアック指数85％）

ある大物歌手の途轍もないサッカー愛

——2016年10月27日号掲載

サッカーは好きだし、そこそこの試合数を見ている気にはなっていた。だが、私など足もとにも及ばない、途轍もなく深いサッカー愛に溢れた人と出会った。小柳ルミ子さんである。

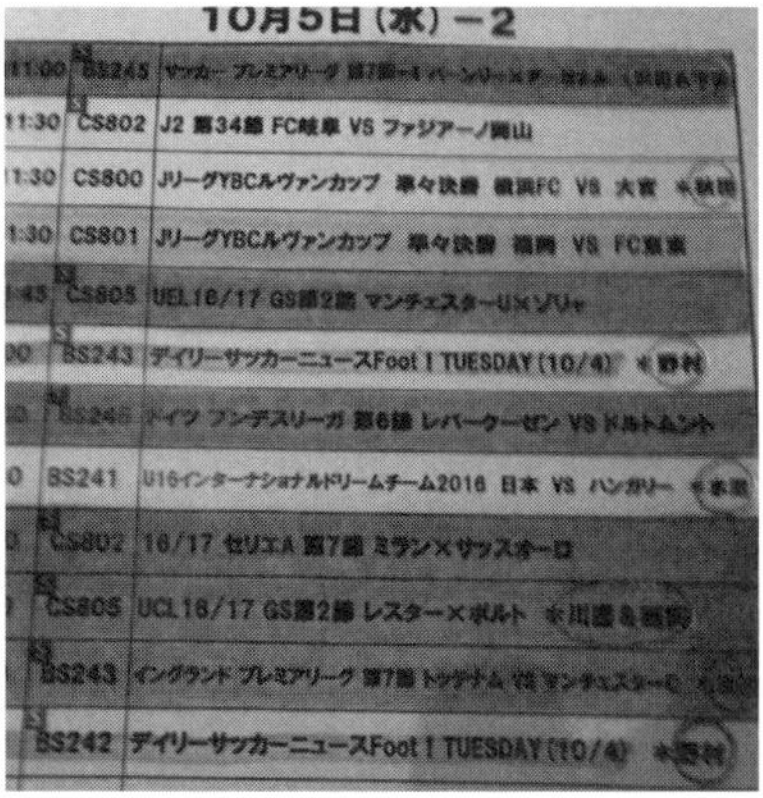

小柳ルミ子さんの観戦リスト。多い時には1日10試合以上も見るという

彼女はリオネル・メッシに魅せられて以来、興味はバルセロナだけでなくリーガ・エスパニョーラに向き、今では欧州サッカーを網羅。最近はJリーグも守備範囲だという。その日に視聴可能な試合をすべてリストアップし、見たいゲームをチェック。1日に5、6試合を見るなど当たり前で、10試合を超えることもあるそうだ（いつ寝ているんだろう?:）。

4失点でセルタに敗れたバルサを嘆き、

ジェレミー・マテューの守備に疑問を抱く。ケビン・デ・ブライネの発音に悩み、ペップ（ジョゼップ・グアルディオラ）の采配を語るルミ子さんの表情は、恋する乙女のようでもあるし、研究に没頭する科学者のようでもある。

そんなルミ子さんは、ある映像を「見てほしい」とファンの方にお願いされたという。選手入場の時にタオルマフラーを頭上に掲げ、大きな声で選手を迎えるカマタマーレ讃岐サポーターの姿が映る映像だ。

歌詞はすべて「オーオーオー」だが、メロディーはルミ子さんの代表曲のひとつ『瀬戸の花嫁』。

自身の曲を歌ってくれていることに感激したそうだ。

その後、讃岐の試合を見るようになったばかりか、クラブオフィシャル番組『かまたま』までチェックするように。

ある日、讃岐のクラブ関係者がルミ子さんの事務所を訪れた。そして、『瀬戸の花嫁』をサポーターが歌っている、できることならスタジアムで一緒に歌ってほしいとお願いされたそうだ。

サポーターが歌うことは何も問題ないし、むしろ感激していると伝えた後、スタジアムで歌うことに関して、ルミ子さんはサッカー愛に溢れる返答をしている。

歌うことは難しくないだろう。ただ、プロとしてそういうところでは歌わないという判断も間違ってはいないと私は思った。しかし、ルミ子さんは「Ｊ１に昇格した時に歌わせていただきます」と答えたそうだ。

私は、そんなエピソードやサッカー愛に刺激を受けているとルミ子さんに伝えた。すると、「私はサッカーを愛しているだけだから」ときっぱり。

やはりその愛は、途轍もなく深い。

（マニアック指数85％）

日本サッカーの歴史を動かしたセルジオ氏

――2012年11月20日号掲載

外国語訛りの日本語を操るお兄さんが、子どものボールをひとつ取り上げ、天高く蹴り上げる。信じられないぐらいの高さだった。口あんぐり状態の子どもたち。お兄さんは悪戯っぽい表情を浮かべていた。ボールを高く蹴り上げた〝お兄さん〟とは、連載コラム『天国と地獄』（「サッカーダイジェスト」で1993年より連載）でもお馴染みのセルジオ越後氏だ。

1978年から始まったセルジオ氏の『さわやかサッカー教室』。「手を使わなければなにをしてもいい」と言って、ボールをユニホームの中に入れてコミカルに走り出すと、ゴール前でおもむろにボールを出し、シュートを決めてしまう。

悔しがる子どもたち。「ハンドじゃないでしょ！」とおどけるセルジオ氏。実は私も当時、その子どもたちの一員だった。今の私なら「ハンドじゃないけど、さわやかでもない！」と言ってしまいそうだけど、とにかくサッカーの楽しさ、面白さを教えてもらった。

様々な分野の人たちが集まり、セルジオ氏の来日40周年を祝った

あれから10年以上経ち、ある番組の企画で吉本興業チームとセルジオ越後チームがフットサルで対戦することになった。試合は意外な展開で始まる。なんと、吉本興業チームが先制！　狂喜乱舞の吉本チーム。

ところが、そんな喜び覚めやらぬ中、先制からわずか数秒後に強烈なシュートが吉本興業チームのネットを揺らした。ゴールを決めたのはセルジオ氏。〝さわやか〟とはかけ離れた、厳しい表情、勝負にこだわる鋭い眼差しだった。

脳裏に浮かんだ言葉は「大人気ない」。しかし、サッカーを本気でやっていた人間にとって、大人も子どもも、プロも素人も関係ない。やるならば勝たないと意味がないのだ。勝負の厳しさ、サッカーの厳しさを教えてもらった。

それからさらに約10年後、ある番組の打ち上げでセルジオ氏と食事した。女性店員が料理をテーブルに運んで来るたび、ジョークを飛ばしていたのもセルジオ氏。女性への接し方を勉強させてもらった。

2012年10月29日、とあるホテルで「来日四十周年記念パーティー」が開かれた。主役は当然、セルジオ越後氏。会場は人で溢れかえっていた。サッカー関係者はもちろん、様々な分野の人たちが会場を訪れ、来日40周年を祝った。セルジオ氏は交通手段がそれほど発達していなかった当時を振り返り、藤和不動産サッカー部の本拠地・栃木から、1試合のために北九州まで片道18時間半かけて行ったと語る。栃木にサッカーシューズを売っている店がなく、わざわざ東京の神田まで足を運んだそうだ。

そんなサッカー事情の日本に愛想を尽かすことなく、ずっと日本のサッカーを見守ってくれている。セルジオ氏がいなかったら、さわやか教室がなかったら、歴代の日本代表メンバーも代わっていたのではないか？　サッカーの面白さに気付かず、他の競技に移ってしまった選手もいたのではないか？

そんなことを宴会場の隅でぼんやりと考えていた。来日40周年おめでとうございます、いやありがとうございます！


（マニアック指数70％）

無邪気で熱いサッカーメディアの人々

――2018年1月25日号掲載

埼玉スタジアム2002でのハーフタイム。トイレから記者席に戻ろうとエレベーターを待つ私の前で、ジャーナリストとおぼしきふたりが熱心に話し込んでいた。

議論のテーマは、前半のズラタンのプレー。浦和レッズの長身FWは、なぜ何度もオフサイドトラップにかかるのか？　あと1歩か2歩下がった位置から飛び出せばいいのではないか？　彼らは身振り手振りを交えながら、相手最終ラインとの駆け引きを想定し、最適なポジショニングを探っていた。

その光景が面白くて、思わず吹き出しそうになった。どう考えたって、ズラタンのほうがサッカー経験は豊富だし、どうすればオフサイドにかからないかなんて百も承知のはずだ。なのに彼らは、まるで一流のコーチのように真顔で意見をぶつけ合っている。そうやって口角泡を飛ばす記者たちが、スポーツとはまるで縁のないような体型だったりするので、なおさら笑えてくるのだ。

でも、嫌いじゃない。いい大人が子どものように無邪気に、熱くサッカーを語る姿は、実に微笑ましい。

昨年のJ1昇格プレーオフ準決勝、名古屋グランパス対ジェフユナイテッド市原・千葉戦の記者席で、私の両隣に座ったのはいずれも千葉担当の記者だった。最初は大人しくしていた彼らだが、試合が進むにつれて声も身体の動きも大きくなっていく。いつしか監督のように守備のスライドを指示し、千葉がゴールを奪えば喜びを爆発させ、失点すれば激しく落胆した。「仕事なんだから静かに見てろ！」なんて言う気はさらさらない。現場で存分にサッカーを堪能し、その面白さ、奥深さを伝えてくれればそれでいいのだ。漫然と記者席に座って、パソコンでサッカーとは関係のないサイトを開いている人なんかに比べたら、何万倍も素晴らしい。

あれは、2012年のJ1昇格プレーオフ決勝だった。試合後の国立競技場で、知り合いのディレクターが泣いていた。普段、中継を担当している千葉が、昇格目前で大分トリニータに敗れたからだ。彼にとってTV中継は日常業務だが、気付けばその枠を超え、千葉への思い入れが強くなっていたのだろう。私はそれでいいと思う。きっと冷徹に公平さを求めるディレクターよりも、よっぽど心を揺さぶる映像を送れたに違いない。

サッカー同様、サッカーメディアに携わる人たちも、実に興味深い。

（マニアック指数85％）

第3章 ひらはたマニアック

インサイドキックの秘密

——書き下ろし

現在の子どもたちがどんな練習をしているかは知らないが、私が小学校4年生の時に教わった、キックの基本、インサイドキックの練習は次のようなものだ。

ふたり組で、一人は両足をまっすぐに伸ばし、揃えて座る。足の先は地面と直角に立てる。そこにボールを置き、もう一人が立ち、足をボールの横に持っていき、蹴る足を90度に開き、足の内側の面でボールを蹴るというもの。

まさに「型」の練習。剣道や柔道のようにインサイドキック道を極めるがごとく、来る日も来る日も繰り返した。はっきり言ってつまらない。仲があまりよろしくないふたり組になると、蹴る側が無謀な力でボールを蹴るので、座っているほうが微妙に後方に下がっていく。何度か繰り返すうちに、ケンカが始まる。

インサイドキック道から解放されたとしても、やはりインサイドキックはつまらなかった。正確とはいえ、飛距離が出ない。アウトサイドキックほどおしゃれではない。インフロントで蹴った時のようなカーブを描く軌道を出せない。何となく蹴れるような気になって、インサイドキックはおざなりになっていく。

しかし、大人になってから気付く。試合中、多くの場面でインサイドキックを使うこと。インサイドキックで丁寧に出したボールは受けた選手が次のプレーにスムーズに移れること。

派手さはないが、キックの基本、サッカーの基本がインサイドキックなのだ。

京都サンガF.C.の「10」番、庄司悦大のインサイドキックは実に素晴らしく、そして美しい。ピッチの上を滑っていくボールの軌道も回転も美しい。インサイドキックだけで、パスの表情に強弱、緩急、長短を描き分けていく。それも正確に。おざなりになりがちなインサイドキック道を極めている。

NHK BS1で放送されている『Jリーグタイム』で京都サンガを取材した時のこと、編集されることは覚悟のうえで、そのインサイドキックの秘密を聞いてみた（もちろんカット。スタッフさん、庄司選手、無駄に時間を使ってしまってすみません。でも聞きたかったのです。サッカーバカだから）。

もともとフォワードだった庄司悦大。インステップキックを得意にしていたが、清水商高（現・清水桜ガ丘高）の大滝雅良監督にインサイドキックを丁寧に正確に蹴ることを要求されたという。アウトサイドで蹴ろうものなら、「まだ早い！」と言われ、良質なインサイドキックを求められた。

ならばと、庄司もインサイドキックを極めることを決意。来る日も来る日も良質なインサイドキック体得に取り組んだ。

極めた結果、受け手には処理しやすい、見た目にも美しいインサイドキックを手に入れた、いや足に入れた。

地味に見えるインサイドキックを自在に操ることで、輝きのあるキックにまで昇華させた庄司のインサイドキックには、サッカーの真髄が詰まっている。


（マニアック指数85％）

子どもとクイズ対決!! 負けられない戦い

――2015年9月10日号掲載

電車が東京駅に近づくと、窓の外を眺める子どもたちがにわかに騒がしくなる。「はやぶさ！」、「こまち！」、「Ｍａｘ！」、「７００系！」新幹線に大興奮。突然の新幹線トランス状態に突入する。子どもは不思議なもので、興味を持てば強要されなくても、様々なものを吸収し、記憶していく。そういえば子どもの頃、力士の四股名や野球選手の名前を記憶し、それを披露して、周りの大人に褒められ、得意気になっていたことを思い出した。「凄いね！」、「えらいね！」と言われ悪い気はしなかった。周りの大人は優しくしてくれたのである。

ところで、つい先日、浜松のとある洋食店でロケをしていた。ロケ終了後、そのお店の方の子ども、魁くん（8歳）と話すことになった。魁くんはサッカー、水泳、体操、英語などたくさんの習いごとをしている。なかでも一番好きなのがサッカー。部屋でもサッカーをしたいがために作った、ガムテープぐるぐる巻きのお手製サッカーボールを見た瞬間に、間違いなく魁くんがサッカーを好きなのが分かった。

会話中、魁くんはおもむろにある冊子を取り出した。某新聞社が出すサッカー選手名鑑だ。それを私に手渡して、選手年齢当てクイズを出せと言う。

「ガンバの遠藤選手は何歳ですか？」。「35！」。正解である。

「今野選手は？」。「32！」。凄い記憶力。驚くとともに、Jリーグが、サッカーが大好きな子どもに出会えたことが嬉しかった。

すると冊子を取り上げた魁くんが問題を出す番になった。

「レイソルの大谷は何歳？」

後になって気付いたのだが、ここで私は大人げない行動に出ていた。

自分が子どもの頃、優しい周りの大人は自分に対してどう行動したか？　周りの大人だって、力士の四股名や野球選手の名前を知っている。しかし知らないふりをして、もしくはわざと間違え、子どもに優越感を与えていた。

ところが「31！」。私は大谷秀和の年齢をズバリ当てた。サッカーバカ47歳。

あまりにも簡単に当てたのが悔しかったのか、魁くんは微妙に問題を変え始めた。「鳥栖の林は何センチ？」。「195センチ」。「名古屋のハーフナー・ニッキは？」。「197センチ」。

なにを真剣に答えているんだ。いい年こいたおっさんが、子どもから羨望の眼差しで見られようとしているんだよ！　魁くんごめんね。おじさん、サッカーのことになると、熱くなって周りが見えなくなるんだ。

空気を変えよう！　好きな選手は？

「ゆうき、こばやしゆうき！」

この話題で場を取り繕うことができた。

ありがとう、小林祐希！


（マニアック指数90％）

何百回見ても飽きない興梠のゴール

——２０１８年10月25日号掲載

　そのゴールを見てから10日以上経つのに、ずっと忘れられずにいる。ふとした時に脳内で再生されていて、家に帰ってまた映像を見る。何度見ても飽きない。そして見るたびに発見がある。

　9月23日に行われたＪ１リーグ27節の浦和レッズ対ヴィッセル神戸の一戦。42分、柏木陽介のピンポイントスルーパスに反応した興梠慎三がこれをダイレクトで合わせ、浦和にこの日の2点目をもたらした。

　その攻撃は、自陣左サイドでマウリシオが相手ボールをカットしたところから始まっている。マウリシオのパスを受けた宇賀神友弥がドリブルでボールを運び、ハーフウェーラインを越えて興梠へつなぐ。興梠は一旦ボールを武藤雄樹に預け、右サイドへと展開される間に自身はゴール前に向かって走っていく。

　興梠が到着したところは、神戸ＤＦの大﨑玲央の後ろ、渡部博文の前だった。そして、右サイドでボールが動いている間に、渡部の背後にポジションを取り直す。この時、柏木もゆっくりと右サイドへ移動する。

神戸の渡部はその状況を見ながら、何度も背後の興梠を確認している。そして6回目の確認の時に、浦和の右サイド、神戸の左サイドに向いていた身体の向きを少しだけ正面に変え、ボールと興梠が同一視野には入らないまでも、ある程度は視界に収められそうな体勢を整えた。

気が付けば、いつの間にか柏木が右サイドから、中央に移動していた。彼の周りにだけ大きなスペースが生まれている。その動きに呼応するかのように、右サイドから橋岡大樹が中に向かってドリブルを始めた。橋岡からパスが来る前に、柏木は一度だけゴール前の状況を確認している。一方で渡部は7回目の確認。橋岡から柏木にボールが渡る間に、興梠が自陣方向へ数歩下がった。渡部にとっては8回目の確認。そして、まさにボールと同一視野に入れたと思った瞬間、興梠がすっと神戸ゴールの方向へ走り出したのだ。

柏木は、大﨑も渡部もGKキム・スンギュも触れないが、興梠だけが触れる一点に見事なスルーパスを通した。パススピードは絶妙。少しでも遅いとDFにカットされるし、強ければGKに止められる。まさにピンポイント。興梠は体勢を崩しながら左足のダイレクトで決めた。何十回、何百回見ても飽きないゴールだ。

（マニアック指数80％）

岡山の「全員攻撃」を書き留めてみた

——2012年10月9日号掲載

9月17日、34節のファジアーノ岡山対湘南ベルマーレの39分20秒、湘南陣内、岡山側から見た左サイドで岡山はスローインを得た。

39分24秒、スローインを投げたのは、左ワイドの田所諒。相手に脅威を与えるロングスローは見られず、近くのキム・ミンキュンにしっかりとつなげる通常のスローインだった。

キム・ミンキュンはすぐさま田所にリターン。タッチライン際でボールを受けた田所は、3バックの左の後藤圭太にボールを下げた。その後藤はボランチのひとり千明聖典に平行の横パス。千明は3バックのセンターを務める竹田忠嗣にボールを下げ、竹田はもうひとりのボランチ仙石廉にボールを預ける。

この位置が、ピッチ中央あたり。

左サイドのスローインから、ここまでつながってきた。ここで、初めてドリブル。仙石は少し前にボールを運びながら、出しどころを探していたが、中央から右サイドの澤口雅彦にパスを出す。澤口は無理をせず、3バックの右、篠原弘次郎にボールを下げる。

ここまでのパス回しは、個々のタッチ数は少ないものの、スピーディというより、ゆったりとしたものだった。

篠原は前方の状況を見渡し、岡山側から見た右サイド、湘南陣内のペナルティエリアの外あたりに20～30メートルほどのボールを縦に入れる。そのスペースに、最初左サイドでスローインを受けたキム・ミンキュンが走り込もうとしていたからだ。篠原のパスに走り込んだキム・ミンキュンが、ここで〝スイッチ〟を入れる。ボールの移動に合わせて外側を走っていた彼は、コントロールすることなく、いきなり中央へヒールパス。この1プレーで、リズムが緩から急に変わる。

そこには、石原崇兆がいた。

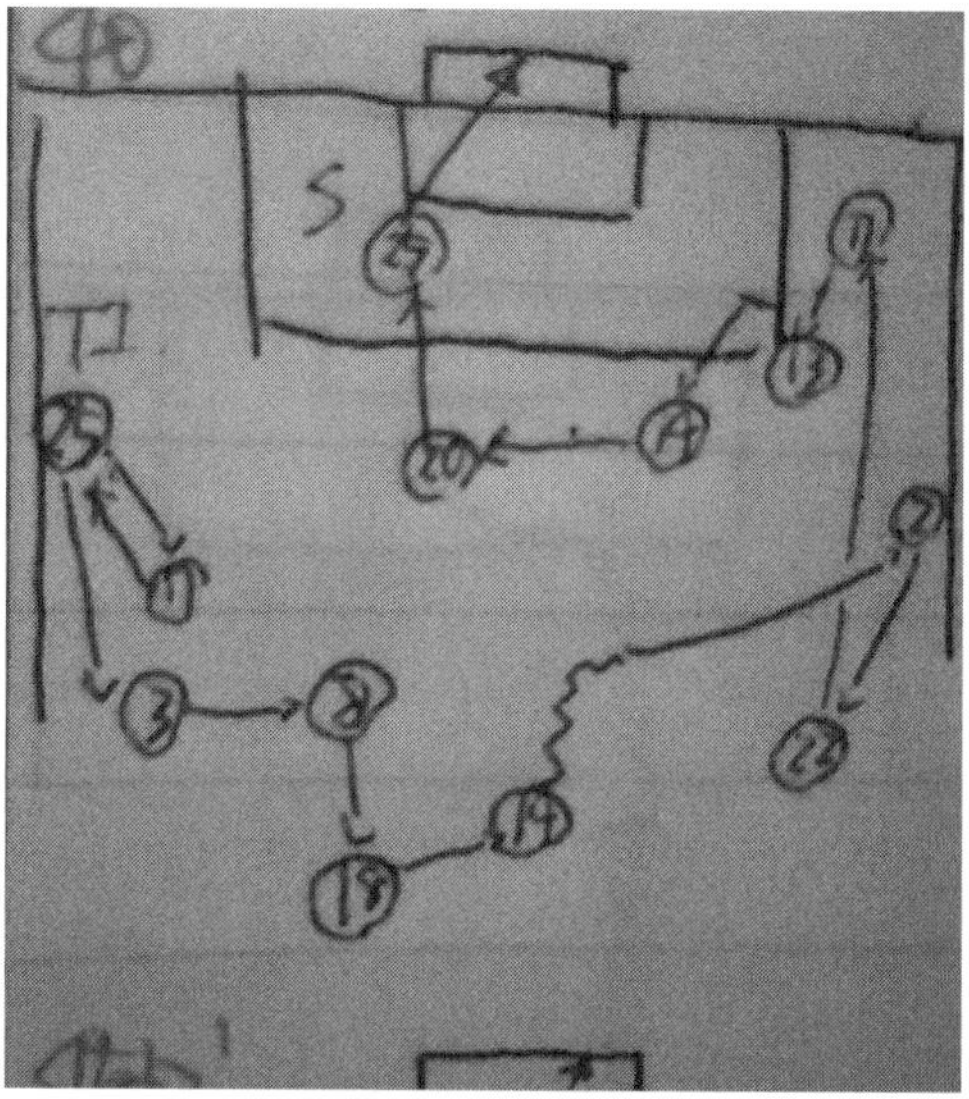
ノートに書いたゴールのメモ。25の田所のスローインから始まる33秒の「全員攻撃」だった

左サイドで始まったス

ローインが右ペナルティエリアの角あたりまで運ばれてきた。石原は近くの仙石にパス。仙石がエリア付近で横パスを送ると、中央でこれを受けたのは、岡山のエースストライカー川又。隠しようにも隠し切れない強烈な武器、左足のシュートが火を噴く瞬間。誰もが固唾を呑んだ。

左サイドのスローインから始まった攻撃が、相手に一度も触れられることなく、GK以外の全員がプレーに関与し、ようやくストライカーの元に運ばれ攻撃が完結する瞬間。川又が左足の前にボールを置いた。しかし、その左足が火を噴くことはなかった。

その代わり、ペナルティエリア内に走り込んだ選手に向けて、やさしいラストパスを送る。そのパスを受けた選手こそ、最初にスローインをした田所だ。

スローインから33秒後、39分57秒、文字どおりの「全員攻撃」は田所のゴールで完結した。

（マニアック指数80％）

「最も危険なスコア〝2対0〟」の正体

——2015年12月10日号掲載

「ゴール決まった！　2対0！」。絶叫するアナウンサー。その後、リードしたチームはリスク管理。それに対し、リードされたチームはリスクを負って攻め始めた。「危ない！」「惜しい！」。リードされたチームの攻撃は圧力を増し、GKのファインセーブやクロスバー直撃もあり、リードしたチームは辛うじて失点を免れる。

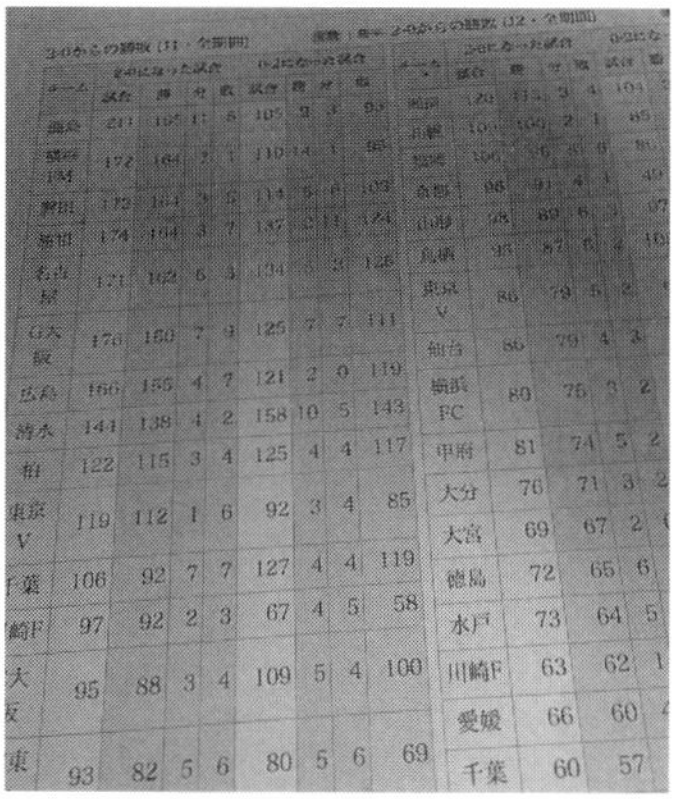

Ｈ氏の㊙資料。Ｊクラブの「２―０からの勝敗」がまとめられていた

「2対0はサッカーで最も危険なスコアです」。〝サッカーあるある〟のように語るアナウンサー。仮に1点返されればスコアは2対1。相手は勢いづき、1点差にされたチームは精神的に追い込まれる。

「本当かな？」。実は以前から、この言葉になんとも言えない違和感を覚えていた。

2点目を取った瞬間に、「2対0になると危ないじゃないか！」と怒り出すサポーターなど見たことがないし、選手は2対0になって喜びまくっている。

「悩めるおっさん！　ここに良いものがあるぜ！」。売人風情で資料を差し出すH氏は、放送媒体を通じてサッカーを伝えるのを生業として数十年。サッカーの酸いも甘いも知る男だ。「こ、これは。Hさん買います。いくらですか？」。涎を垂らしまくる私。「タダでいいよ。煮るなり焼くなり、あんたの好きにしな！」。踵を返し、姿を消すH氏。テーブルの上には資料だけが残った。

その資料には、Jリーグ発足の93年から今季途中まで、2対0、0対2になった後、各チームの結果がどうなったかがまとめられていた。なんと、J1では2517回中2339回。J2では2044回中1897回。約93パーセントの確率で2対0のリードを奪ったチームが勝利しているのである。0対2からの逆転勝利はJ1だけなら、まだ100回もない。94回で確率3・7パーセント。J2は49回で2・4パーセントである。「最も危険なスコア」の正体は、逆転勝ちの印象こそ強いものの、100回あれば3回から4回あるかないかのレアケース。2対0になれば、枕を高く、うちわを左手に持ち替えても問題ない。「そこそこ安心できるスコア」ということになる。

しかし、逆転勝利の可能性もゼロではない。大宮アルディージャは0対2から逆転勝利で昇格&J2優勝を決めた。2対0は危険ではなく魅力的なスコアだ。

（マニアック指数95％）

最終節・順位動向のドラマを表にしてみた【2013年版】

――2013年12月17日号掲載

Ｊ２最終節。昇格プレーオフを巡る戦いは、京都サンガF.C.の3位が確定していた中、残す3枠を5チームが争う構図となった。4位Ｖ・ファーレン長崎（勝点66）対6位徳島ヴォルティス（勝点64）。5位ジェフユナイテッド市原・千葉（勝点65）は、アウェーでガイナーレ鳥取戦。7位コンサドーレ札幌（勝点63）はギラヴァンツ北九州と、8位・松本山雅ＦＣ（勝点63）は愛媛ＦＣと、ともにホームで戦った。

41節終了時から、様々なシミュレーションが頭の中を駆け巡り、脳内サッカードラマはとめどなく続けられた。最終節は同時刻開催。大きなテレビモニターが3台あるスカパー！控室には、長崎戦、千葉戦、札幌戦、ｉＰａｄに松本戦がスカパー！オンデマンドで映し出された。ここからは、〝ひらはた簡易へにゃちょこ順位動向〟とともにお楽しみください。

ドラマは29分、8位の松本が船山貴之のＰＫで先制したところから始まる。実は15分に千葉が先制されたため、この時点で松本の順位が8位から一気に5位に上がった。そして、そこから動きなく各会場はハーフタイムへ。後半、ドラマを加速させたのは鳥取。廣田隆治のゴールで千葉に2点差をつけることになる。

さらに、千葉に追い討ちをかけたのが67分。徳島が宮崎光平のゴールで長崎からリードを奪う。これで様相一変。徳島が4位に。試合前に5位だった千葉は7位となり、このままではプレーオフ圏外というピンチを迎える。千葉はスクランブル態勢に入った。後半から最近好調の田中佑昌に代え森本貴幸を投入。2失点目の後、55分には深井正樹、68分には谷澤達也と3枚の交代カードを切った。

その頃、松本ベンチそしてサポーターは、現状6位という状況を分かっていただろう。試合前、5チームの中で一番状況が厳しかったはずのチームにプレーオフ進出の可能性が出てきたことを。しかし、ドラマは凄い結末を用意していた。その口火を切るがごとく、81分に千葉の森本がゴール。これで鳥取と1点差。試合前から、勝点・得失点差の関係で千葉は引き分ければ、プレーオフ進出の可能性が高い立場にあった。そして、劇的なクライマックスを迎える。

90＋2分、こぼれ球に反応した兵働昭弘が得意の左足を振り抜くと、ボールはゴールに吸い込まれていった。その瞬間がスローに見えたのは、執念で戦っていた鳥取の足が止まり、ボールに反応したのが兵働だけだったからかもしれない。最近の兵働は、先発しても途中交代が多かった。しかし、このゲームでは最後までプレー。もし兵働があの

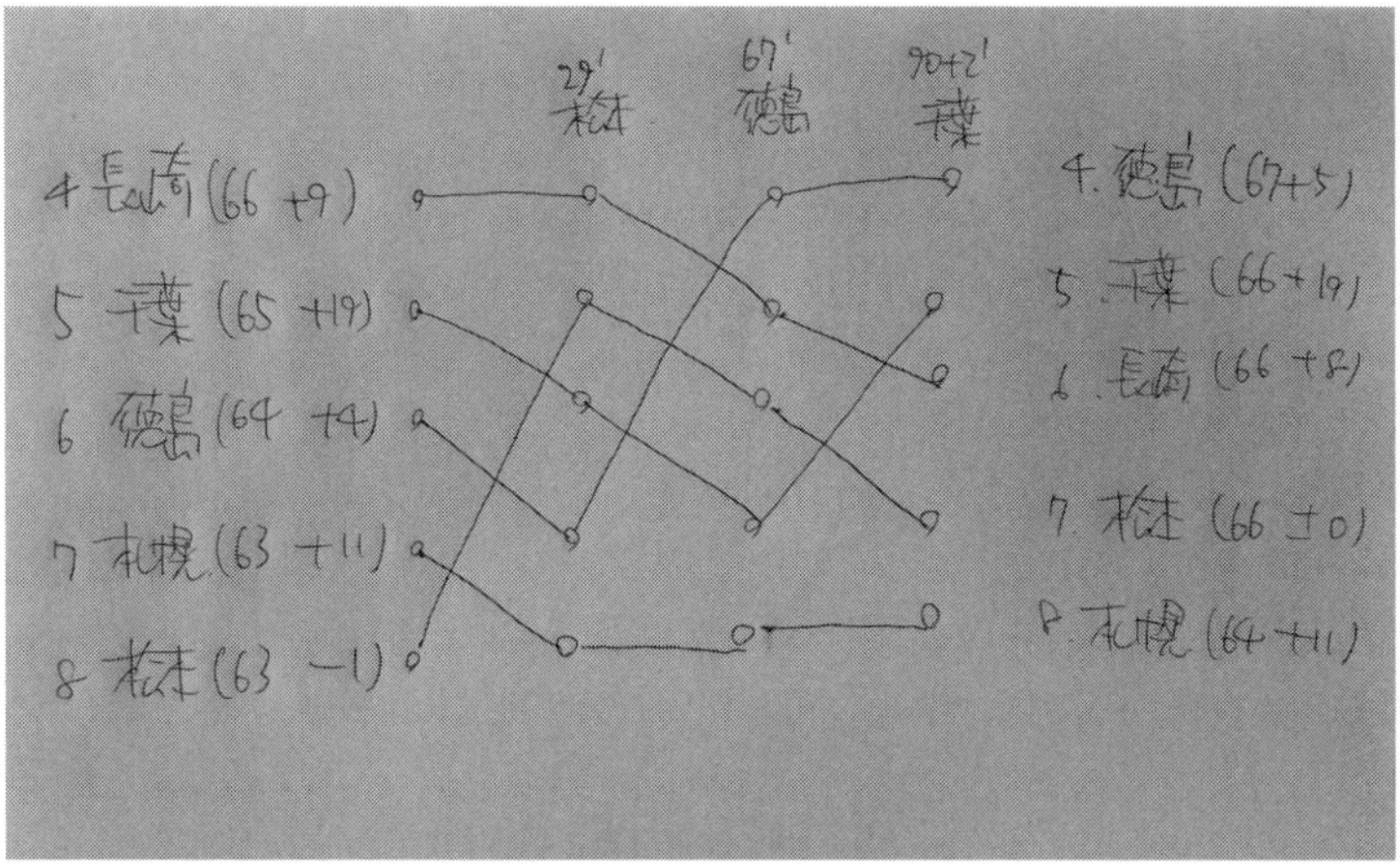

“ひらはた簡易へにゃちょこ順位動向”。5チームにプレーオフ進出の可能性があり、さまざまなドラマが生まれた

場にいなかったら？　ゴール後、いつの間にやらケンペスに肩車される兵働。千葉の選手、サポーターは奇跡の生還を感じ取っていた。

　このゴールで、千葉は7位から5位に。そして、松本は6位から7位に順位を下げた。松本のホーム・アルウィンは試合終了の瞬間、一瞬の静寂の後、少し落胆した空気が流れたが、その後、大きな拍手がスタジアムを包んだ。これからJ1の残り一枠を目指す戦い、〝日本一残酷な歓喜の一戦〟が始まる。

（マニアック指数55％）

最終節・順位動向のドラマを表にしてみた【2018年版】

――2018年12月27日号掲載

今季のJ1は最終節に劇的な展開が待っていたが、その2週間前の11月17日に行われたJ2の最終節も、相当にドラマチックだった。なにせ優勝も自動昇格もなにひとつ確定していない状況で、この運命の日を迎えたのだ。

その時点で優勝の可能性があったのは4チーム。結果如何では勝点76で並ぶケースも考えられた。プレーオフ圏内からは1チームが脱落する。優勝の目がある3位町田ゼルビアはJ1ライセンスを持たず、その町田は5位東京ヴェルディと〝東京クラシック〟を戦う。ドラマが起きる要素はふんだんにあった。

最終節の上位7チームの動向をグラフにしてみた（写真。各クラブの勝点の推移。スタートはどの試合も0対0なので勝点1をプラス）。前半で動きがあったのは唯一大分トリニータ。アウェーでモンテディオ山形と戦う大分は18分、星雄次のゴールで先制。このまま他会場のスコアが動かなければ優勝だ。次にゴールするのは7位の大宮アルディージャだが、その前に彼らは大変な事態を迎えていた。52分、2枚目のイエローカードで嶋田慎太郎が退場してしまうのだ。それでも67分に先制し、ファジアーノ岡山の猛攻を凌ぎ切った。そして、70分にゴールを奪った横浜ＦＣがここで3位浮上。一方、町田対東京Ｖは76分に林陵平のゴールでアウェーチームが先制するが、82分に町田が追いついて1対1。この時点で1位大分、2位松本山雅ＦＣ、3位横浜ＦＣ、4位町田、5位大宮、6位東京Ｖ、7位アビスパ福岡という順位になっていた。

最後に動いたのは山形対大分。アディショナルタイムにアルヴァロ・ロドリゲスのゴールで山形が追いつき、これで松本が首位、大分が2位になった。

それだけではない。同点で推移していた東京クラシックで町田が勝利すれば、彼らに逆転優勝の可能性が出てきたのだ。町田の唯一にして最大の目標は優勝。アディショナルタイムにその条件が整ったわけだ。

しかし、試合は1対1のまま終わる。優勝

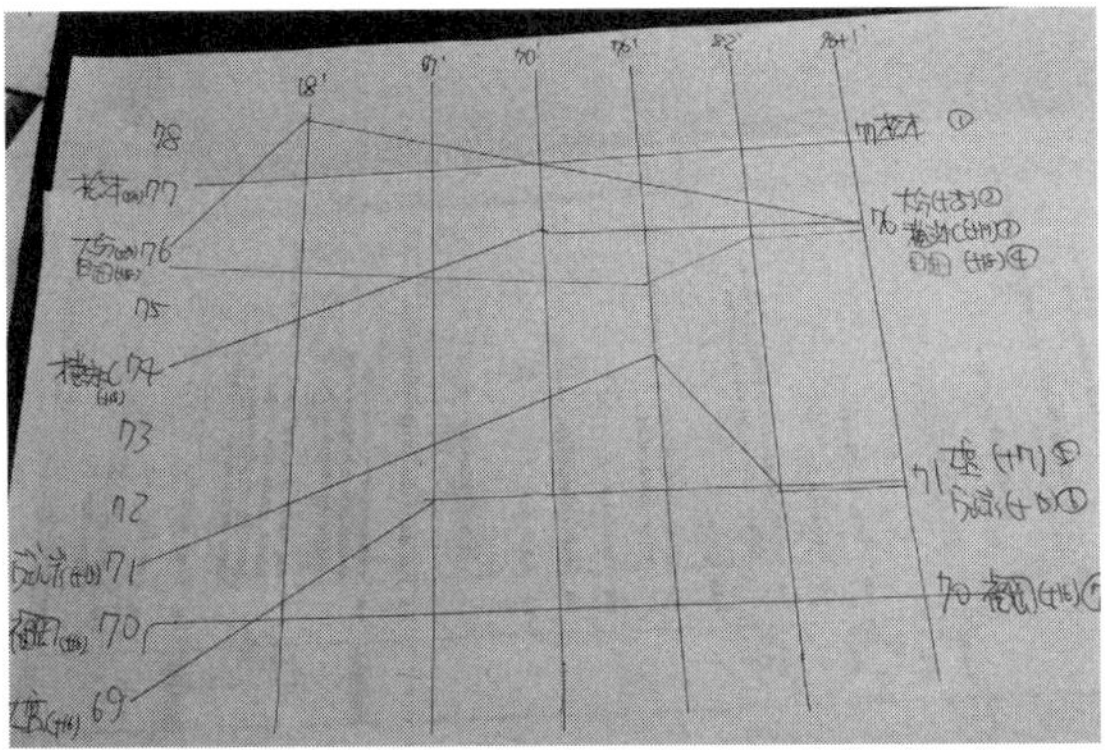

2018年のＪ２最終節も、90分の間に、めまぐるしく状況が変化していた

するための条件をクリアできず、悔しい思いでピッチを後にした町田の選手たちは、誰ひとり他会場の動きを知らなかった。知る必要はない。なぜなら、優勝するには勝つ以外なかったからだ。あと1点取れば優勝だったことを、彼らは試合後のロッカールームで知った。

（マニアック指数80％）

「きんちゃん」が「アイスタ」に怒ったわけ

――2013年3月19日号掲載

日頃、「ひらちゃん」と呼ばれることが多い私ですが、これは「ひらはた」という苗字の「ひら」から取ったものであり、小学生の時に付けられた最初のニックネーム。その後、地元の人間は「ひらはたけいじ」という名前を略し「ひらけい」と呼び、のりぴー語が流行った頃は「ひらぴー」と呼ばれていた。この頃を知る人に会い、「ひらぴー」と呼ばれるのはこのうえなく恥ずかしい。

現在の「ひらちゃん」という愛称は、誰から強制されたわけでも、行政からの指示でもなく、自然発生的に生まれたものである。

さて、そんな「ひらちゃん」に意見をぶつけてきたのが仕事仲間の「きんちゃん」。「きんちゃん」は「きんや」という名前から生まれた愛称で、私を含め仲の良い人間は、少し太めの「きんちゃん」を「きんブー」と呼ぶ。

「きんちゃん」の普段の〝喜怒哀楽メーター〟は、ほぼ「怒」が多く、最近放った名言は「唐揚げはドリンクです」。喉の渇きを唐揚げの油で潤すような男なのだ。ちなみに、

「きんちゃん」はサッカーフリークではない。つまり、本来は「サッカーダイジェスト」の誌面で紹介するほどの男ではない。

では、なぜ今回取り上げたのかというと、彼は私に素晴らしい意見を言ってきたのである。とあるニュース番組のスポーツコーナーを見ていたところ、アナウンサーが「アウスタ日本平」と言ったそうだ。別になんの問題もないように思うが、「きんちゃん」の「怒」メーターがレッドゾーンに入った。

ニュースでしょ！　なぜアウトソーシングスタジアム日本平と正式名を言わないんだ！　ニュースで「エスパ」とは言わないでしょ！　「エスパルス」か「清水エスパルス」って言うだろ！

そして、今季から名前が変わったＩＡＩスタジアム日本平についても言及する。

なぜ、いきなり略称つけるんだよ！　せっかくスポンサーになってくれたのに、いきなり「アイスタ」では、その「アイ」がＩＡＩのアイかどうか分かりづらいし、スポンサーに失礼だ！　そもそもサポーターが「アイスタ」と呼ぶかどうかも分からないじゃないか！

ごもっともなのである。略称と愛称は違う。略称を決めておかないと、いろんな不都合があるのも分かる。西京極を毎回「京都市西京極総合運動公園陸上競技場兼球技場」などと言っていては日が暮れる。しかし、いきなり略称をつけてしまうのもどうなの？

コンパでひと言ぐらいしか話していない女子に「ひらちゃん」と呼ばれるようなその距離感。いろんなものを一気に飛び越えてしまう感じ。

サッカーを支えてくれる大事なスポンサー。せっかくスポンサーになってくれたのだから、スタジアム名をせめて1年間はフルネームで呼んでもいいのでは？　そして、スタジアムを使う人たちから生まれた自然発生的な愛称、略称を使えばいい。

サッカーと少し距離がある人の意見は時に尊い。


（マニアック指数75％）

名前って本当に難しい

――2013年4月30日号掲載

最近、携帯電話に訳の分からない迷惑メールが頻繁に送られてくる。

「昨日、彼氏と別れたばかりで寂しい19歳です」。知るかー！

「2000万円を振り込みたいのですが」。アホか！

私は、それほどしっかりした大人ではないが、そんなことでは騙されない。どんな輩が送っているのか知らないが、どうしても私を騙したいなら、「バロテッリですけど、ちょっとお金を貸してもらえませんか？」とか、「ベッカムですけど、今度の日曜日、パーティーに来ませんか？」みたいなメールを送ってこい！　もう携帯なんて懲り懲りだ。


ところが最近、通信やインターネットの世界を少しだけ見直す出来事があった。ヤフーの検索欄に「ソルスキア」と入れてみたところ（これ自体が意味不明の行動だが……）、「オーレ・グンナー・スールシャール　Wikipedia」と出てきた。これは賢い。サッカー好きが、ずっと引っ掛かっていた〝ふたつの読み方〟を、いとも簡単につないでしまうなんて。とにかく、どっちなんだよ！　スールシャールか？　ソルスキアか？

同じような問題はクライファートとクライフェルトにも言える。一方で、ジュビロ磐田の小林祐希と小林裕紀は読み方が一緒でも別人物。名前って本当に難しい。放送業界で長く働き、私と十数年来の付き合いになる西田さんとも、以前そういう話になった。私も、番組で選手の名前を呼ぶ際にはかなり気を遣っているし、間違うと伝えたいことも伝わらない。

大分トリニータの高木和道は「たかぎ」だが、清水エスパルスの高木純平は「たかき」だ。サンフレッチェ広島の中島浩司は「なかじま」だが、モンテディオ山形の中島裕希は「なかしま」。横浜FCの柴崎貴広は「しばさき」だが、栃木SCの柴崎邦博は「しばざき」。濁点が付くか、付かないかの問題だけど大事なことだ。

山形のホームスタジアム「NDソフトスタジアム山形」は「エヌディィー」ではなく「エヌデー」だ。いくら義務教育でDは「ディー」と教えられたとしても、ここでは「デー」が正解。だから外国人が「エヌディー」と発音していたら注意しよう。「DOUGLAS」という名前もヴァンフォーレ甲府を退団したDFや徳島ヴォルティスのFWは「ドウグラス」だが、ロアッソ熊本のMFは「ドゥグラス」。とにかく名前はむつかしい。

でも、ひとりのサッカー好きであり、メディアに携わる者としてそこは間違えたくない。「にしださん！　自分も名前の読み方には結構、気を遣っているんですよ」と、私は十数年来付き合いのある西田さんに訴えた。彼は褒めてくれるだろうか？　あるいは、日本には難しい名前がまだまだあると言うだろうか？　しかし、返ってきた答えは意外なものだった。

「正確に言うと、にしたなんだけど」

なんと西田さんは「にしだ」ではなく「にした」だったのだ。〝田〟は濁らない。身近な人の名前を10年以上も間違っていたなんて……。名前って本当に難しい。

（マニアック指数80％）

川崎の、「忍者」と「主水」と……。

——2014年9月16日号掲載

8月16日、試合前の等々力陸上競技場のアウェースタンド後方の空には虹が架かっていた。そして試合は大花火大会と化した。川崎フロンターレ対セレッソ大阪は5対4。点が入ればすべて良しというわけではないが、やはり多くのゴールが決まると楽しい。エンターテインメント性十分のゲームとなった。

サッカー関係者の中には良いものを観られましたねと言う人もいれば、守備の脆さを訴える人もいた。そして、私も分かったような顔をして頷いていた。

しかし試合中、私の頭の中はまったく別のことを考えていた。

きっかけは、先制された川崎が同点に追いつく10分。大久保嘉人のスルーパスを受けた小林悠がゴールを決めた場面。まさにタイミングがジャスト。大久保のスルーパスのコース、スピード、タイミングは完璧だったが、それ以上に小林の動きが見事過ぎた。

加速の速さと走りこむエリアが絶妙。その速さは、一瞬姿を消したようにも見える。「忍者」なのだ。獲物を狙う速さを兼ね備えながら、一瞬姿を隠し、次に姿が見えた瞬間には獲物の喉もとに刃物を突き刺している。そうなると小林が忍者にしか見えなくなってくる。

小林悠のチャントはアンパンマンのマーチだが、忍者ハットリくんにならないものかと阿呆な想像も始まった。ここでひとつ余談を。小林のチャントのラストが、実は大好きなのだ。

♪ラーララーラー♪と歌った後、太鼓がドンドンと2回鳴る。このドンドンがこれまでのリズムに比べて、少しゆっくりになる。もしくはゆっくりに聞こえる。このドンドンがなぜかツボ。緊張感のあるゲームの中で、一瞬ほっこりする、肩の強張りが少し安らぐ瞬間。このチャントが始まると、頭のどこかでドンドンを待っている自分がいるのだ。

話は等々力に戻ります。小林が「忍者」なら、他の選手はなんだと考え始めると、目の前の試合と同じくらい楽しくなってきた。

一撃必殺のパスで相手の急所を突く中村憲剛は「主水《もんど》」（※中村主水は時代劇『必殺シリーズ』に登場する殺し屋）。

次世代を担う大島僚太は、将来有力な社長候補で、現在様々な部署で仕事を覚える「支店長代理」。

それは私の担当ではないとか責任回避が跋扈《ばっこ》する世の中で、自ら責任を背負い、強引であっても仕事をやり切る大久保は「棟梁」。

そこまでは調子が良かった。しかし、レナトで止まった。なにも浮かばない。目の前のピッチではゴールが積み重ねられているのに、頭の中はレナトで停滞。

そして頭の中が停滞している中、ピッチで繰り広げられた最高のエンターテインメントはタイムアップ。それにしても「主水」と「支店長代理」が、「忍者」と「棟梁」とレナトを操るサッカーは魅力的だった。そうです。結局、レナトは「レナト」ということになりました。

（マニアック指数70％）

注目のマッチアップ

――２０１６年５月12日号掲載

以前、本連載コラムで触れたが、２０１３年に私を悩ませたのがジュビロ磐田の「コバヤシ・ユウキ」問題だ。

同じチームに小林裕紀と小林祐希というふたりの「コバヤシ・ユウキ」が在籍し、私を含めて中継関係者を大いに悩ませた。そして今季、「コバヤシ・ユウキ」問題は新たなフェーズへと突入したのだ。

14年にアルビレックス新潟へ移籍した小林裕紀は、今季からキャプテンに就任。一方、J2で2シーズンを過ごし、今季から舞台をJ１に移した小林祐希は、磐田の押しも押されもせぬトップ下に君臨する。

そんなふたりが、４月10日のJ１・６節で激突。「コバヤシ・ユウキ」問題は、今季から「コバヤシ・ユウキ」対決に姿を変えた。

アルビレックス新潟の小林裕紀はボランチ、磐田の小林祐希はトップ下。持ち場が近く、マッチアップの場面も多かった。かつては、どちらかというと技巧派の感が強かった「コバヤシ・ユウキ」だが、今や両者とも戦う姿勢が強まり、非常に興味深い攻防となった。今後の「コバヤシ・ユウキ」対決も要注目である。

4月9日、J2・7節のロアッソ熊本対レノファ山口FC戦で繰り広げられたのは、双子の黒木兄弟対決。右利きながら左SBでスタメンの黒木晃平（弟）に対し、途中出場で右サイドハーフに投入された左利きの黒木恭平（兄）。ボールを奪い合う場面は少なかったが、Jリーグ好きやJ2好きにはたまらない垂涎のマッチアップだった。

ただ、それ以上に私の心を鷲掴みにする対決が登場。J2・8節、ニッパツ三ツ沢球技場で行われた横浜FC対東京ヴェルディ戦。「イバ」対「井林」である。開幕後、河《か》北華夏幸福足球倶楽部《ほくかかこうふくそっきゅうくらぶ》（中国のクラブ名は長い！）から横浜FCに加入した、ノルウェーとモロッコの国籍を持つイバは、190センチという長身に加え、足もとも巧みで、その体躯を駆使したボールキープ力が素晴らしい。対する東京Vの井林章は、179センチながら空中戦で無類の強さを誇る。

これだけで注目に値するが、最大のポイントはやはり名前だ。このマッチアップを見た瞬間、手もとの『サッカーダイジェスト』選手名鑑を開く。

やっぱり！　井林のニックネームは「イバ」。隠れ「イバ」対決。こちらも今後の展開が楽しみだ。

（マニアック指数90％）

ニックネームに、心ざわつく

――2017年10月12日号掲載

2012年から4年間で3度のJリーグ王者に輝いたサンフレッチェ広島が、今シーズンは下位に沈んでいる。すでに監督交代に踏み切り、代名詞の3バックを捨て4バックに変更する荒療治も行った。

迎えた26節、相手はここまで好調のセレッソ大阪だ。苦戦が予想されたが、ホームでなんとしても勝点を奪いたい広島は、粘り強く守り、相手にリズムを与えない。70分にカウンターから先制した後もしぶとく守り抜く。

84分、C大阪は右サイドの松田陸がクロスを送り、杉本健勇がニアサイドに飛び込んだ。しかし、これを広島のキャプテン、青山敏弘が身体を張って防ぐ。この日、1対0の勝利の立役者となった青山の奮闘ぶりは感動的でさえあったが、ただ珍しく試合終盤に足を痙攣《けいれん》させ、89分に交代を余儀なくされてしまう。

代わって投入されたのは、背番号15の稲垣祥。この瞬間、サッカーバカの私の心がざわっとした。きっとそうであるに違いない――。手元にある『サッカーバカダイジェスト』の選手名鑑を見た。ビンゴ！　ニックネームは稲垣だけに「ゴロー」。中継映像を見ながらひとりほくそ笑んだ。

大分の三平《みつひら》和司は誰がなんと言おうと「さんぺー」で、愛媛FCの小池純輝は「えーこ」だ。選手名鑑によると、柏レイソルの小池龍太もニックネームの欄に「龍太」とともに「栄子」とある。小池姓のニックネームが同じなのは面白いが、そのうち「ゆりこ」や「とちじ」と呼ばれる可能性も否定できない。ちなみに柏の今井智基のニックネームは「メロ」。どんなあだ名でも構わないが、若干いじりづらい。表向き「みき」ぐらいにしてもらえると助かる。

一方、J3では今シーズンから参入のアスルクラロ沼津が好調だ。飾りっ気はないかもしれないが、ダイレクトにゴールに向かう姿勢は見ていて清々しい。沼津のストロングポイントは右サイド。尾崎瑛一郎と中村亮太のコンビがいくつものチャンスを生み出す。

中村はいつもにこやかな表情を浮かべているが、プレーはパワフルかつスピーディで、そのギャップが魅力だ。再び選手名鑑をめくれば、一言メモには「お菓子が大好きです」と記されている。それだけでもグッと来るのだが、そんな彼のニックネームは「あずき」。和菓子かよ！　ただし、プレーに甘さは微塵もない。

（マニアック指数90％）

賞賛されるべき大記録

――2016年6月23日号掲載

5月21日、サンフレッチェ広島の森崎和幸がガンバ大阪戦でJ1リーグ400試合出場を達成した。

広島ユース育ちで、プロになってからも広島一筋のバンディエラ。監督が代わっても、いつも必要とされる高い技術を備えており、選手が入れ替わっても、その戦術眼はチームに不可欠だ。

慢性疲労症候群という病と向き合いながらプレーを続け、400試合出場を達成してなお、衰えを感じさせない。実に素晴らしい記録であるとともに、もっともっと賞賛されてもいいと思っている。

横浜F・マリノスの中澤佑二と浦和レッズの阿部勇樹は今季、リーグ戦連続フルタイム出場100試合を突破した。これまた素晴らしい。

身体を張るポジションながら、出場停止もなく試合に出続けるのは簡単ではない。試合以外の時間の過ごし方を直接見ることはできないが、生活のすべてをサッカーに捧げる様子が浮かび上がる記録。プロの鑑である。

さて話はまったく変わって（そのうちつながると思います）、先日、静岡のあるホテルに宿泊した。仕事で前泊する時はもちろん、プライベートで静岡に遊びに行った時もお世話になっている。チェックインしようとフロントに歩み寄るひらはた。対応したのは女性の方だった。

私の思い過ごしだろうか？　自意識過剰なのだろうか？　いや、間違いなく女性はパソコンを打ちながら少し笑っている。何がおかしいんだ！　顔に米粒でも付いているというのか！

コラムと宿泊で100回に到達した記念に、自分で自分に花束を贈呈してみました

その時、女性は部屋の鍵を渡しながらこう言った。「ひらはた様、今回で宿泊100回目になります！」。

大記録達成！　そして、なんだか女性が笑ってしまうのも無理はないと思えた。「私が勤める前から、このおっさん、ずっと泊まっているんだ」と思えば笑いも起こるだろう。

ところで、このコラムは前回が100回目でした。

もちろん特別なセレモニーはありません。１００回目のコラムを書き始める前に、くまモンが私のパソコンの前で待っていて、花束の贈呈など当然ありませんでした（いつ書き始めるかも分からない）。

だけど、それではあまりにも寂しいと、自分で自分にギラヴァンツ北九州っぽくひまわりの花束を贈呈してみたら、さらに寂しくなる始末。１０２回目も頑張ります！

（マニアック指数85％）

選手のキャッチフレーズが楽しい

――2016年8月11日号掲載

サッカー選手は、良いプレーを見せて、観客に喜んでもらうのが仕事だが、プロであるがゆえに、たくさんの人に存在を覚えてもらうことも重要だ。

その手段のひとつとして、いくつかのクラブが取り組んでいるのが、選手のキャッチフレーズ。これが結構、楽しい。

今年のナンバー1は、愛媛FCのGK児玉剛の「みかん1個通さない！　愛媛の守護神」。秀逸！

こうなると、柑橘系でネットを揺らせるのはキンカンぐらい。迫力あるプレーぶりが見事に反映され、かつ溢れんばかりの愛媛感。大好きだ。

ザスパクサツ群馬も良い作品が揃う。

小林竜樹は「リトルドラゴン」。これは正統派。松下裕樹は「心の燈台」。とにかく渋い。さらにたまらないのが、今季、大宮アルディージャから加入したGK清水慶記。「ゲームパティシエ」。確かに、名前は「慶記（けいき）」だけど。そこから、パティシエとは。もしかして、趣味がケーキ作りなのか？　実家が洋菓子店なのか？　妄想膨らむ素晴らしいキャッチフレーズだ。

清水エスパルスもキャッチフレーズの歴史は長い。杉山浩太の「清水の誇り」。こんなの付けられたら嬉しいに違いない。ミッチェル・デュークは「オーストラリアンタンク」。強引な気もするけど、納得してしまう。さらに素晴らしいのが、7月に徳島ヴォルティスから加入したばかりの長谷川悠に、キャッチフレーズがもう付いていることだ。

「Ｙｏｕ！　やっちゃいなよ！」

「悠」からの「Ｙｏｕ！」。その「Ｙｏｕ！」からジャニーズ社長の名文句。ダンスレッスンを受ける長谷川悠を想像してしまった。

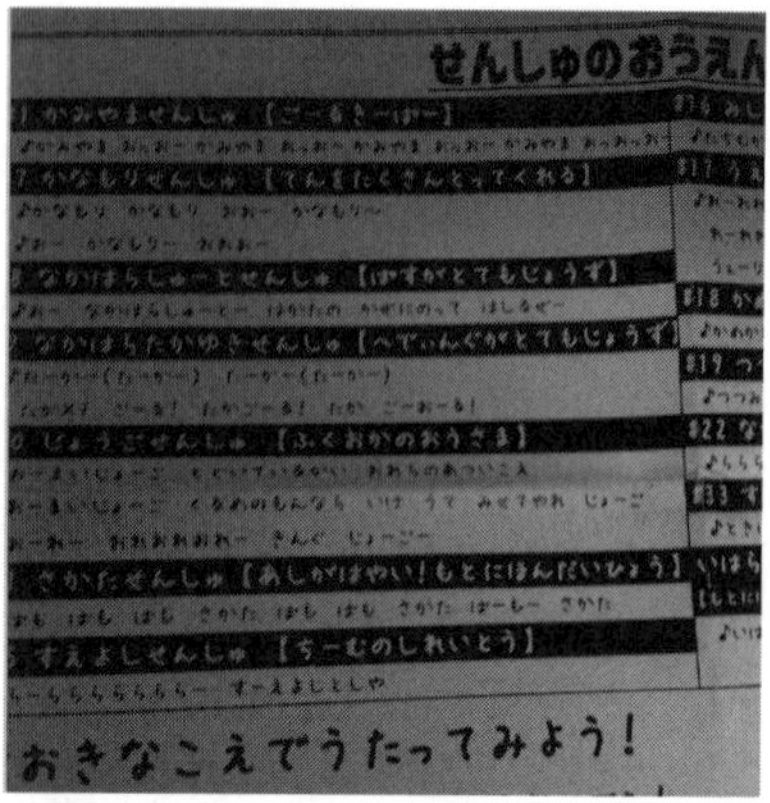

福岡サポーターの方が製作した子ども向けのチャント紹介文

何がきっかけでも構わない。ひとりでも多くの人が選手の名前を覚えてくれたら、本当にありがたい。

さて、私の手もとにある一枚の紙には、こんなことが書かれている。

原文のまま紹介。「#17うえりんとんせんしゅ（ブラジルからたすけにきてくれたひーろー）」。「#19つつみせんしゅ（しゅびがとてもじょうず）」。「#10じょうごせんしゅ（ふくおかのおうさま）」。

アビスパ福岡サポーターの方が制作した、子ども向けの選手紹介&チャント紹介（せんしゅのおうえんのうた）。名前の下には、ひらがなでチャントの歌詞が書かれている。

これがきっかけで、多くの子どもたちが、福岡の選手や応援に興味を持ってくれたら最高だ。

（マニアック指数85%）

第4章 サッカーの力

２０１１年春、西が丘の練習試合で

――書き下ろし

サッカーに関して超絶詳しいつっちー（Ｊ ＳＰＯＲＴＳプロデューサー）とのサッカー談議はとどまるところがない。カテゴリーなどいとも簡単に飛び越え、選手、監督、チーム関係者などいろんな人物が会話に登場してくる。

その中に、なぜか時おり登場するのが、湘南ベルマーレやベガルタ仙台、そしてザスパ草津（当時）などでプレーし、現在ブラウブリッツ秋田U―18で監督を務める熊林親吾。

プレーの話はもちろんのこと、ある練習試合の試合後に私とつっちーが選手たちと話していた時に、なぜか熊林親吾が缶コーヒーをおごってくれた話が必ずと言っていいほど話題に上る。

それまでに、熊林におごってもらうほどこちらが何かをしたわけでもないし、缶コーヒーをおごってくれとお願いしたわけでもない。なのになぜか、缶コーヒーをプレゼントしてくれた。ただ、その理由はいまだに分からない。

２０１１年、東日本大震災の影響でＪリーグは中断。

その中断中の4月16日、西が丘サッカー場で行われた横浜FC対ザスパ草津の練習試合。スコアのことや内容は覚えていないが、熊林親吾缶コーヒープレゼント事件も含め、なぜかよく覚えている。

3月29日に行われた「東北地方太平洋沖地震復興支援チャリティーマッチ　がんばろうニッポン！」でゴールを決めたカズ（三浦知良）は、西が丘のピッチでアップをしながら私に「もちろん、横浜FCの応援ですよね！」と笑顔で話しかけてくれた。

なぜか、この日西が丘に来ていた西村雄一氏と後半、スタンドでふたりで観戦することになった。目の前の試合を見ながら、西村氏は主審を務めたチャリティーマッチの話をしてくれた。

日本代表の試合の笛を吹くことはない西村氏にとって貴重な機会になったこと。カズのゴールが決まる前、田中マルクス闘莉王は川口能活に口笛でパスを要求したこと。写真撮影の時、第4審判の平間亮氏が、宮城県サッカー協会公認審判員であることを知っていたカズが平間氏に「東北の人たちの励みになるから」と中央に行くように促したこと。

帰り際、競技場の門を出て歩いていると、背後から出てきた車の運転手側の窓が開き、カズが笑顔で私に手を振った。

なぜ、この練習試合の記憶が消えないか？　その理由はまったく分からない。

だけど、大きな地震でそれぞれが心に傷を負い、Ｊリーグの先行きも不安な中、カズの明るさや西村さんの言葉や熊林の優しさ、そして練習試合を楽しむ観客の姿やボールを追いかける選手を見て、少し希望を感じたことは覚えている。

サッカーの持つ力のようなものを感じたこの練習試合の記憶が消えることはない。

（マニアック指数95％）

忘れられない夏休みの思い出

——2017年9月14日号掲載

高校時代のサッカー部の遠征で、関東のある強豪校と練習試合をした時のことだ。ハーフウェーラインを挟んで両チームが並ぶ。気合十分の私たちに対し、相手に気負いは微塵も感じられない。

「両チームのキャプテン」。主審に促されて相手のキャプテンと私が一歩前に出て、がっちり握手を交わす。無言ながら力を込めて、こちらの強い気持ちを示す。そしてコイントス——と、練習試合でそんな洒落たことはしない。

11人を代表した男同士の1対1の対決。ここでの勝敗が試合の趨勢《すうせい》にまったく影響しないことは重々承知しているものの、機先を制す意味でも大事だ。せーの——。

「いんじゃん、ほい!」。会心のチョキによる勝利に陶酔したのもつかの間、相手イレブンからじわじわと失笑が漏れる。

「おい、『いんじゃん』だってよ」。「じゃんけんって言わねえんだ」。

グー、チョキ、パーの勝負の掛け声は、子どもの頃から「いんじゃん、ほい」だった。それが全国共通だと思い込んでいた。まさかの指摘を受け、耳が真っ赤になるほど恥ずかしくなった。完全に田舎者扱いされた。

じゃんけん……いや、いんじゃんに勝ったものの、この掛け声のせいで強豪校に完全に上から目線に立たれ、実際、試合ではコテンパンにやられた。夏の苦い思い出だ。

小学校時代にも主に夏休みを利用して、静岡県の三島や岡山県の津山、兵庫県の淡路島に遠征した。その時の試合結果や内容は覚えていないが、ふとした拍子にその時々の光景を思い出す。

8月9日のデンカビッグスワンスタジアム。アルビレックス新潟と川崎フロンターレのユニホームを着た子どもたちが夢中でボールを追いかけ、ピッチを走り回っていた。夜のトップチームの対戦を前に交流戦をしていたのだ。見ているだけで微笑ましくなる、とても良い光景だった。トップチームの試合終了後、スタジアムのバックヤードには、その両チームの子どもたちが集まっていた。そこで私に声を掛けてくれたのが清水エスパルスや川崎などで活躍した矢島卓郎氏。現在は川崎のスクールで普及コーチを務めている。「この後、子どもたちはすぐに川崎に帰るの？」と聞くと、スタジアムから少し離れたキャンプ場で、新潟の子どもたちとともに過ごすのだと教えてくれた。

プロの選手になっても、ならなくても、いつかふと蘇る記憶の断片。その新潟の夜は、夏休みの忘れられない思い出になるに違いない。

（マニアック指数85％）

選手の「日常」は子どもの「晴れ舞台」

——2014年6月10日号掲載

子どもの頃、家族で遊園地に行く機会などはなかったが、年に一度ほど恒例行事があった。それは家族で演芸場に行き、帰りにご飯を食べるというものだった。

まだ小さかったので、どんなネタだったかなどまったく覚えていないが、舞台に立つ芸人さんの迫力で、芸人さんがいつも見る大人とは違う大人に見えたり、花月の客席の床が少しべたついていたり、帰りに行くレストランで飲むバヤリースのオレンジジュースの味が、この世のものとは思えないぐらい美味しく感じたことは、今でも記憶に残っている。

そして、もうひとつ忘れられない思い出がある。当時人気の漫才師の漫才が終わり、トイレに行こうと席を立ち、劇場の扉を開けてトイレに向かった。すると、ついさっきまで見ていた漫才師のおふたりが、次の仕事に向かうため楽屋口ではなく劇場内の通路に姿を現し、舞台に立っていた衣装のまま私の目の前に登場したのだ。

茫然自失。先ほどまで舞台に立っていた芸人さんが目の前にいることに立ちすくんでしまい、身体が固まった瞬間、なんと芸人さんは私の頭を撫でてくれたのだ。

嬉しかった。大人が子どもの頭を撫でるという、どこにでもある行為ではあるけれども、心臓が飛び出るほど興奮した。そして、次の仕事に向かって颯爽と歩く芸人さんの後ろ姿はあまりにもかっこよく、いまだにその光景は忘れられない。

海外では、選手と手をつないでピッチに入場する子どもたちに加え、レフェリーとも手をつないで入場する子どもをよく見かける。チャンピオンズ・リーグのとあるゲームで、レフェリーの格好を身に纏い、入場を待つひとりの子どもから目が離せなくなった。なぜならば、その子どもが見るからに緊張していたから。緊張するのは当然だ。憧れのスタジアムで周りは知らない大きな大人ばかり。近くに親もいない。子どもの顔はこわばり、今にも泣き出しそうな表情だった。

そんな時、選手入場の通路の後方から、その日ベンチスタートのバルセロナのペドロ・ロドリゲスが姿を現し、なぜかその子どもの肩に手をかけ、二言三言笑顔で話しかけたのだ。すると、その子どもの表情は一気に崩れ、先ほどまでの緊張が嘘のように笑顔になった。

ペドロが去った後も、嬉しさを通り越して興奮のあまり、魂が抜けたような弛緩した子どもの表情はなんだか微笑ましかった。その後、晴れ晴れとした表情で子どもがピッチを歩いたことは言うまでもない。

浦和レッズの槙野智章は選手入場の際、エスコートキッズの子どもに必ずなにか話しかけている。

選手にとっては毎回のことでも、子どもにとっては一生に一度か二度のこと。もしサッカーが分からなくても、他の選手と手をつなぎたかったとしても、槙野が話しかけてくれたことは嬉しいし、記憶に残るだろう。勝点のプレゼントは選手の仕事だけれど、忘れられない思い出もプレゼントしてほしい。

（マニアック指数70％）

誰もが日本一を目指せる「ＰＫ選手権」

――２０１３年９月24日号掲載

8月、とある全国大会を訪れた。全国大会と言っても、高校総体や全日本少年サッカー大会ではない。

私が訪れたのは、静岡県藤枝市で行われた第21回全国ＰＫ選手権。ＰＫの日本一を決めようという今大会。これがかなり楽しいのだ。１チーム５人（ＧＫ含む）のＰＫ戦だけで優勝を決める大会で、カテゴリーは7つ。キッズ、Ｕ―9、Ｕ―12、Ｕ―16、なでしこ、シニア（40歳以上の男女）、そして日本代表コースとなっている。この日本代表コースが日本一を決める大会で、優勝すると、なんと欧州リーグ観戦ツアー5名招待というビッグな商品が用意されている。

日本代表コースに今年参加したのは２７６チーム。5回か6回勝ってやっと準々決勝という難関である。参加資格には、Ｊリーグ、なでしこリーグ、ＪＦＬに所属する方はご遠慮くださいとある。

ここも面白くて、〝所属する〟ということは、過去に所属していた、つまりかつてプロだった選手も参戦できる（安永聡太郎氏も参戦）。学生時代にサッカーをやっていて、足技やキックにそこそこ自信があったとしても、年齢とともに体力は低下し、次第にサッカーから遠ざかる。コートの狭いフットサルだからと気楽に参加しても、サボれないので余計に疲れる。そんな人たちにＰＫ選手権は持ってこいなのだ。

体力は必要ない。だけど、勝負の緊張感は十分に味わえる。さらに、服装がユニホームでなくてもいい。祭りのはっぴを着ているチームやヒーローに仮装した子どもたち……。この日の藤枝総合運動公園には、本当に楽しい光景が広がった。ＰＫがどういうものか分からないまま参加したキッズ（4〜6歳）の子どもたちのキックがゴールまで届かなかったり、緊張感で顔が強張る小学生。

藤枝市の全国 PK 選手権。優勝チームは、なんと欧州リーグ観戦ツアー招待！

少年団でサッカーをする子どもを応援するママたちもなでしこコースで参戦。いつもはピッチの外から子どもたちを叱咤激励する母親たちも、ピッチの上でボールを蹴る楽しさ、難しさを感じたに違いない。

ある母親は「もう子どもに偉そうなことは言いません」と反省気味。たぶん、子どもの試合では熱くなって、また大きな声で偉そうなことを言ってしまうと思うけど……。

サッカーが今よりマイナーな頃にプレーしていた、シニアの人たちも素晴らしいシュートを決めていた。

プレー経験の有無はまったく問わない。キックが思いどおりに飛ばなかったり、思いどおりに飛ばないのにネットは揺れたり、ＰＫスポットに立つと思った以上にキーパーを近くに感じたり。気の合う仲間同士で、喜び、抱き合い、なじり合う。仲間同士で行く居酒屋の会話ネタが増えるのは間違いなし！

サッカーで日本一を目指したいなら、この全国ＰＫ選手権大会がおススメ。日本一になれなくても、この日の〝サッカーの街〟藤枝の空気は気持ち良い。来年、参加してみてはいかがでしょう？


（マニアック指数90％）

熊本のお父さん

――2016年7月14日号掲載

4月14日、そして4月16日。熊本に大きな地震が発生。甚大な被害が出た。まずは無事を確認し、「お父さん、明日少しお邪魔していいですか?」と伺い、快諾を得て電話を切った。

6月2日、延期になっていたアビスパ福岡対名古屋グランパスの一戦を観戦する前に、お父さんの顔が見たくて訪問することにした。

お父さんとは、「かんしょや」のご主人。ロアッソ熊本のホームゲームの際に、スタジアムグルメとして店舗を構え、いきなり団子（カラいも〔さつまいも〕とあんこを皮で包んだ熊本の郷土菓子）などを販売している古庄孝さんだ。

以前、会場でお世話になったばかりか、ある番組のロケでお店にも一度お邪魔した。だから、福岡まで来て熊本に顔を出さないのは、自分の中で整理がつかなかった。

お父さんも奥さんも店舗も無事だった。そして、突然の訪問にも温かく迎えていただいた。お父さんや子ども、そして孫もロアッソの大ファン。5歳の孫が最近かなり詳しくなったとお父さんは目を細めた。

お店は無事だったものの、800メートルほどしか離れていない自宅は、半壊の認定。だけど、写真を見る限り部屋も風呂もぐちゃぐちゃで、1階の部屋から空が見えていた。酒を飲んでいて、酔っ払っているのか揺れているのか分からなかったとお父さんは笑うけれど、その状況が私の想像をはるかに超えるものであることは、自宅の写真が物語っていた。

温かいいきなり団子を食べさせてくれた。控えめな甘さのあんことさつまいもの自然な甘さ、そして皮に少し入っている塩が絶妙の塩梅で、素朴な甘さが本当に美味しかった。いきなり団子を食べながら、お店の中で、お父さん、奥さんと小一時間ほどいろんな話をした。

地震の話にロアッソの話、お父さんの昔話。店の中には一枚の新聞が貼られていた。それは今季、ロアッソが一時首位に立った時の新聞記事。とにかく、チームの話をする時のお父さんは、まるで目の前で選手がボールを追いかけているのを見ているかのように楽しそうだった。

もっとお父さんの話を聞きたかったけど、長居してしまいそうなので、お父さんにそろそろ帰ることを伝える。すると、会わせたい人がいるので、少し付き合ってくれと言う。この続きは次号で……。

（マニアック指数100％）

ロッソと共に我らは生きる

――2016年7月28日号掲載

ロアッソ熊本のホームゲームで、スタジアムグルメの店舗にて、いきなり団子などを販売する「かんしょや」のご主人が古庄孝さん（勝手にお父さんと呼んでいる）。そのお父さんを6月2日に訪ね、小一時間ほど話をして帰ろうとすると、少し付き合ってほしいと言われたところまでが前コラムの内容だ。

今回はその続き。お父さんが運転する車に10分ほど乗り、ある場所へ。そこでは5人の女性が、制服や作業着などに名前や会社名の刺繍を入れる作業をされていたが、そのうちのひとりがロッソ時代からの大ファン。私のことも知っていると大喜びしてくれて、私も嬉しかった。

しかし、他の4人は私のことを知る由もない。作業場に生まれる微妙な空気。そこをなんとか短時間で、暖かい空気と冷たい空気をぬるい空気に変えて、ロアッソが大好きな女性と写真を撮り、店から離れた。どの選手が好きというよりも、ロアッソが好きという女性の熱いというより、温かいロアッソ愛が伝わってきた。

お父さん運転の車が最寄り駅に近づくと、前方にコンビニのコーヒーを飲みながら歩く男性。偶然だったが、その人もロアッソファンでお父さんの顔見知り。その場でお父さんと別れ、今度は出会ったばかりの人と熊本駅方面に向かう電車に乗った。

システムエンジニアだという男性は、地震で失いかけた仕事への意欲を取り戻すのは大変だったと言った。そして、ロアッソの試合を見られない寂しさを口にし、「ホームで試合が再開されたら、会場で泣きますね」。車窓に流れる景色を見ながら語る視線の先には、真っ赤に染まるスタジアムが見えているようだった。

その夜、福岡対名古屋戦を観戦後、福岡で酒を飲んでいたところ、ロアッソを応援する熊本の男性に声を掛けられた。しばしのロアッソトーク後、会話は連敗についての話に移る。その時、男性は言った。「仮にJ3に落ちても応援し続けます!」。ついさっきまで私たちが繰り広げていた、サッカー能書きの薄っぺらいことを恥じた。そして、ロアッソサポーターが熱唱するあの歌を思い出した。

♪ロッソと共に我らは生きる♪

お父さん、今回出会った方々、ありがとうございました。また、熊本に行きます。

(マニアック指数100%)

勝点「1」の重みを知る人たち

――2016年10月13日号掲載

道路は波打ち、1階の潰れた家は傾いたまま。全壊した家の瓦礫も放置されたまま。最近、報道が減って目にする機会は少なくなったが、熊本県益城町は現在進行形の被災地そのものだった。

8月21日の30節から、J2リーグの試合は3週間行われなかった。だが、その間にも震災の影響で未開催の試合を、ロアッソ熊本は消化しなければならない。過密日程の影響で練習試合が組めず、ゲーム体力が落ちてしまった選手もいるという。

9月7日、うまかな・よかなスタジアムでの横浜FC戦を消化すれば、他チームと試合数で並ぶこととなる。そのゲームでのロアッソ熊本の選手たちの頑張りは感動的だった。自分の持ち場であろうがなかろうが、ひたむきに走る姿に胸を打たれた。

しかし、ゴールは遠く、0対1で敗れた。これで8節から12節の延期分を消化したことになるが、この5試合で獲得した勝点はわずか1。選手たちは言い訳などしないが、スケジュールが過酷であったことは言うまでもない。

その奮闘ぶりに、敗戦にもかかわらずサポーターたちは拍手を送った。ただ、地元のマスコミの人たちは、頑張りが報われない状況にもどかしさを感じているようだった。彼らは選手の気迫を認めながらも、無駄な頑張りもあり、肝心なところで力が発揮できていないことがもどかしいと言った。

確かに、勝点を稼ぎ、お客さんに喜んでもらうというプロの世界の観点から言えば、至極当然な意見だろう。だけど、日常生活の中で倒壊した家屋を目にし、避難所に行って、「頑張って」と声を掛ければ逆に「頑張って」と声を返される。そんな中で、頑張らないことなんてできるだろうか？　勝点3のためだからといって、サボることなんてできるだろうか？　ピッチでがむしゃらに走る選手たちは、その土地に根ざすサッカークラブのプロとして立派で、何も間違ってなんかいない。

「今日は勝点1でも欲しかったね」

スタジアムを後にするサポーターから、そんな声が聞こえた。熊本の人たちは、本当の意味で〝勝点1〟の重みを知っている。そんな想いや選手の頑張りは、必ずや報われ、ロアッソ熊本はさらに愛されるクラブになっていくに違いない。

（マニアック指数85％）

サッカーを中心に生まれる笑顔

――２０１４年３月18日号掲載

昨年発表されたJリーグ20周年記念特別ショートフィルム『旅するボール』は、その前年、２０１２年に撮影された。東日本大震災がテーマということもあり、ロケ地は仙台。そのロケ地のひとつとして、若松会と呼ばれるグループの集会所を使わせてもらった。

若松会とは、東日本大震災で大きな被害に遭った荒浜地区の人たちで、様々な理由で避難所に入れず、個別に民間の賃貸住宅を探し、生活を始めた人たち（「仮設住宅」ではなく、いわゆる「みなし仮設」と呼ばれる）が慣れぬ土地で孤立しがちなため、声を掛け合い集ったグループ。

その集会所で撮影をさせてもらったばかりか、エキストラとしても出演していただいたうえ、長時間の撮影にも嫌な顔ひとつせず付き合ってくれた。それ以来、交流を持つようになり、昨年のベガルタ仙台対大宮アルディージャ戦を観戦する前にはその集会場に顔を出し、いろんな話をした。

Jリーグに招待されて、初めてユアテックスタジアム仙台に行ったそうだ。だが、若松会の人たちはあまりサッカーについて知らない。だから、楽しめたのかが心配になったが、楽しかったと笑顔で答えてくれた。なにが楽しかったのか？

「応援していると自然と声が出て、周りにまったく気を遣わずに大きな声を出せたことが楽しかった」

仮住まいではご近所が前からの知り合いではなく、声の大きさにも気を遣う。サッカーを知らない人にもサッカーは喜びを与えることができたことに少しホッとした。そろそろ試合の取材に行こうと思った頃、「荒浜に行きませんか？」と誘われた。

「部外者の私がそんなところに行っていいものか？」と逡巡しながらも、荒浜に着いた。なにもなかった。テレビでよく聞く〝復興〟は微塵も感じられない。以前、家があったところには基礎部分だけが残っていた。ここが玄関で、ここが風呂と過去を取り戻すように説明してくれたけど、圧倒的な現実に呆然とするしかなかった。

昨年末、仙台でのチャリティーマッチ前日、選手たちはグループに分かれ、サッカー教室を実施。名取市の中学校で取材することになった私は若松会の人を誘った。

すると、サッカーに興味を持った小学1年生の少年と母、そして小学4年生の姉とその姉の友だちが来てくれた。姉の友だちも小学4年生で、震災により家族全員を失い、今は父の実家の陸前高田市に住んでいるが、冬休みを利用して仙台に来ていた。

小学1年生の少年はあまりボールに触れなかったけど、必死でボールを追いかけていた。女の子たちも、サッカーを見て楽しんでくれているようだった。

サッカーに興味がある人もない人も、上手な子も下手な子も、サッカーを中心に人が集い、大きな声を出し、笑顔になる。戦術やシステムとは別に、サッカーは力を発揮していた。

サッカー教室終了間際、あまりサッカーのことを知らない女の子たちが私にこう言った。「あのかっこいい金髪の人、誰?」。彼女たちが指差す先には柿谷曜一朗がいた。

（マニアック指数90％）

ファンに教えられたピースマッチの尊さ

――2018年9月13日号掲載

ガンバ大阪の指揮官に就任した宮本恒靖監督が、FC東京戦で嬉しい初勝利を挙げた。その試合後の会見では印象的な出来事があった。

記者との質疑応答を終え、立ち上がった宮本監督は、ドアの前まで歩いていったが、ふと立ち止まり、会見場に響き渡るように拍手をして部屋を出たのだ。すると勝利したにもかかわらず、重々しかった空気が一変。指揮官の拍手につられるように、何人かの記者も拍手を返した。その一連の流れは、ドラマのワンシーンを見ているようだった。

翌日、大阪から広島に向かった。世間はお盆休みの真っ只中で、ホームは大勢の人で溢れ返っていた。新幹線に乗ろうとすると、若い駅員が私を見てこう言った。

「今日はどこの試合を見に行くのですか？」

突然の質問にびっくりしたけど、「広島です」と答えると、「僕、広島のファンなんです」との返答が。一瞬のことだったけど、なんだか嬉しかった。見ず知らずの人と挨拶代わりの〝瞬間サッカートーク〟。お盆でも、休まずに働いている人たちはたくさんいて、その中にサッカー好きもたくさんいる。駅員さん、本当にご苦労様です。

8月11日はピースマッチと銘打たれたサンフレッチェ広島対V・ファーレン長崎のゲームを観戦。エディオンスタジアム広島には多くの人が詰めかけていた。試合開始前、両サポーターの間ではエール交換が行われ、それが終わるとどちらか一方からではなく、スタジアム全体から大きな拍手が起こった。

そしてそんなエール交換を見ながら、試合前に出会ったある中年の女性のことを思い出した。サンフレッチェ広島のユニホームを着た女性とは、今日はいつもより人が多いこと、観客の入りも早いこと、暑さが尋常ではないこと、そんな他愛のない会話を交わした。けれど別れ際、彼女の何気ない言葉があまりにも印象的だった。

「今日は、どちらも応援してください」

贔屓のチームの応援をお願いされることは多々ある。彼女も広島を応援してほしいに決まっている。だけど、どちらも応援してくださいと言った彼女の気持ち。ピースマッチが特別であることを、広島を応援する女性の言葉が教えてくれた。


（マニアック指数90％）

厳しくも実直な我が恩師

——2019年2月14日号掲載

理由なんてない。ただ楽しくて、高校の廊下で体操服の入ったきんちゃく袋を投げ合っていた。

そのうちに、クラスメイトの暴投できんちゃく袋が窓から落下。それに反応して外を覗き込もうとした瞬間、頭を廊下の窓ガラスにぶつけて割ってしまった。

これは言い逃れできないと、謝罪のため体育教官室に向かう。担任が体育の先生だったからだ。けれど、そこにいたのはサッカー部の監督だった。

「担任の先生にお話があるのですが」と切り出したが、まったく取り合ってくれない。そして、しばらくして監督はこう言った。

「お前、ガラス割っただろ⁉」

今思えば、きっとどこかから連絡が入っていたに違いないのだが、監督を恐れていた高校生の私は、

「やはりすべてお見通しだ。監督は俺の表情から、瞬時にガラスを割ったことを見抜いたに違いない」

と、本気でそう思ってしまったのだ。

そんな恩師が古希を迎えるということで、年明け早々に当時の部員たちでお祝いの会を開いた。

その席で監督はビールばかり飲んでいた。

「私たちの監督をやっていた頃も、よく飲んでいたのですか？」

恩師が70歳なら教え子たちも50歳前後。もう怖くはない。

「飲んでいたよ」とあっさり答えた監督に、矢継ぎ早にこんな質問もしてみる。

「プレッシャーはありましたか？」

当時のチームにはその地域の有望選手が集まっていたから、強くなって当たり前とも思われていた。もちろんそうした声は監督の耳にも届いていたという。

「あったよ」と、正直に答えてくれた。

さらにこの際だからと、チームメイトが監督のことを「ちゃん」付けで陰では呼んでいたことなども告白する。でも、監督は笑っていた。それもすべてお見通しだったのだろう。

会の最後に、監督は「言いたいことがふたつある」と話し始めた。ひとつは、この会を設けてくれたことへの感謝。そして、もうひとつが謝罪だった。昔は指導の一環として部員を殴ることもあったが、その過去に今も心を痛めていたのだ。しかし、そのことを恨んでいる者は誰もいない。
帰宅後、頂いた御礼の品を開けて胸が熱くなった。それは1000円分の図書カードだった。監督の実直さが込められているような気がした。良い指導者に出会えて、幸せに思う。

（マニアック指数95％）

第5章　愛しのマスコット

さぬぴーとのPK対決

――書き下ろし

ある日、セレッソ大阪のホーム、キンチョウスタジアム（現在改修中）の放送関係者の控室でぼんやりしていると、姿を現したのはセレッソのマスコットのロビー（本名ノブレ・バリエンテ・アッチェ・ロビート・デ・セレッソって長いな〜）。

私に用事があるようで、何やら私に渡したいものがある、どうしたらいいものか？と訴えるロビー。それなら、連絡先を伝えるので、送ってくれるかいと言ったところ、いや、ちょっと待っていてくれと一旦退室したロビー。数分後部屋に戻ってきたロビーの手には、何年か前に一緒に撮った写真があった。

「どうぞ」とロビー。オオカミの息子とは聞いていたけれど、なんて優しく、義理堅いんだよロビー。本当に嬉しかった。ありがとうロビー！

カマタマーレ讃岐のホーム、Ｐｉｋａｒａスタジアム。ハーフタイムでマスコットのさぬぴーとＰＫ対決をすることになった。

ピッチに登場する前、さぬぴーと無言でボールを蹴り合い、何となくこんな感じになれば面白いのではないかと心の声で打ち合わせをしていた。コロコロと低速で転がる

©KAMATAMARE SANUKI

ＰＫ対決を終えたさぬぴーから、ぬいぐるみをプレゼントされました

ボールにぎりぎりでセーブできないマスコット。滑稽じゃないか。ひょうきんじゃないか。なんとなく、そんなビジョンを頭に浮かべながらピッチに立った。

先攻はさぬぴー。私はゴールマウスに立った。どうせ、しっかり蹴ることはできないだろう。思いっきり大きくクリアすべきか？ トンネルしてゴールを許すか？

ところがである、さぬぴーのシュートは驚くべき速さでネットを揺らした。蹴った瞬間にネットが揺れていた。確実に経験者である。

一体なんだったんだ、ピッチ登場前の小芝居打ち合わせは？ もう滑稽もひょうきんもぶっ飛んだ。後攻の私は、さぬぴーに負けないぐらいの高速シュートでネットを揺らした。結局、チームマスコットとサッカー好きおっさんのＰＫ対決は、ただ思いきり蹴り合って引き分けの無残な泥仕合と化した。

終わってすぐに反省した。大人げない自分に。さぬぴー相手に熱くなるなんて。そんな私を見るに見かねて、さぬぴーはちょっと大きめの自分のぬいぐるみをプレゼントしてくれた。ごめんね、そしてありがとう。このプレゼントもめちゃくちゃ嬉しかった。

ただ、ここでひとつ問題がある。

ぬいぐるみは透明のビニール袋で包まれていたが、私は貧乏性なのか、ぬいぐるみが汚れると嫌なので袋から出すことができない。ゆえに、ＦＣ岐阜のギッフィーにもらったぬいぐるみも、Ｖ・ファーレン長崎のヴィヴィくんにもらったサイン入り卓上カレンダーもいまだに袋を開けられないでいる。一平くんもずっとビニール袋の中で息苦しそうだし。袋から出すべきか？　そのままの綺麗な姿を保つべきか？　ずっと悩んでいる。

（マニアック指数90％）

ミーヤちゃんの心意気

——2015年5月14日号掲載

イベントが始まる前の、静かだけど少しざわついているような客席の雰囲気が好きだ。なにかが始まる期待感で静かに待っていたいけど、誰かと話したい。でも大きな声で話すのはなにか違う。しかし、その日はざわざわが長く感じた。そして、期待のざわざわから、なぜ始まらないんだという不安のざわざわに変わり始めそうになった頃、スタッフの人が血相を変えて飛んできた。

「ミーヤが足をつりました!」

ミーヤとは可愛らしい動きと表情で人気の大宮アルディージャのキャラクター、ミーヤちゃん。

4月11日、フクダ電子アリーナ。ジェフユナイテッド市原・千葉対大宮の一戦が行われる1時間ほど前の話。

今季、千葉、東京ヴェルディ、横浜FC、大宮の4クラブ、つまり南関東にホームタウンを置くJ1〝じゃないほう〟の4クラブがタッグを組み、「首都圏バトル4~じゃない4の逆襲~」という合同プロモーション企画が始動。

そして、わたくし平畠啓史は、このプロモーションのアンバサダーに就任することになった。恐縮です。人生初アンバサダーを誠心誠意、務めてまいりたいと思います！

さて、この首都圏バトル4の順位決定方法は、4つの項目において争い、最も合計ポイント数が多かったクラブが勝者となる。その4項目とは、①マスコット対決、②ホーム&アウェー共通Tシャツ販売枚数、③アウェーゲームの入場者数、④フェアプレーというものだ。

この日のゲームは、この首都圏バトル4の記念すべき一発目のゲーム。そして、冒頭のミーヤちゃん足つり事件はその中でも記念すべき一発目のイベント、マスコット対決開始前に起こったものである。

この日のマスコット対決は、2、3歳の子どもがまたがって乗るような自動車や電車の形をしたおもちゃ的なもの、いわゆる足けり乗用玩具にキャラクターが乗り、1位を争うというものだった。

千葉からはジェフィとユニティ。大宮からはアルディとミーヤが登場。途中で乗り換わり、リレー方式で雌雄を決する。このプロモーションに向けた4クラブのモチベーションは非常に高い。クラブスタッフだけではなく、ミーヤちゃんもかなり鼻息が荒かった。

なんと、この日の戦いに勝つために、極秘トレーニングを敢行。練習に練習を重ねていたようなのだ。

しかし、ハードトレーニングのつけが本番当日にやってきた。自分を追い込み過ぎたのか、緊張のせいか、本番前に足が痙攣してしまったミーヤちゃん。

大宮は千葉に敗れてしまったが、ミーヤちゃんの奮闘ぶりと心意気は勝点3以上のものがあった。

（マニアック指数90％）

日本が世界に誇れるマスコット

——2012年5月29日号掲載

ナポリのホームスタジアム、サン・パオロの雰囲気は最高で、チャンピオンズ・リーグの試合を見終わった後、選手入場のシーンだけ何度も繰り返し見てしまった。選手がピッチの中を歩いて入場するスタンフォード・ブリッジの雰囲気もたまらない。

そして、オールド・トラフォード。コーナー付近から選手たちが入場するシーンは、いつ見ても興奮する（西が丘サッカー場でも同じ雰囲気は味わえる）。

両チームの選手が入場し、その後に現れるのが、名将サー・アレックス・ファーガソン。スタジアムの興奮が、テレビ画面を通して伝わってくる。

あれっ？　あれあれ？　なんだあれ？　あの赤い物体はなんだ？　オールド・トラフォードのゲームで、毎回興ざめする瞬間がある。それは、マンチェスター・ユナイテッドのマスコット、フレッド・ザ・レッドが映る瞬間だ。

スタジアムは最高。観衆の雰囲気も申し分なし。選手のスター性だって世界屈指。なのに、フレッドくんのクオリティはどうなんだ？

使用する色の少なさからくるのっぺり感。顔がユニホームと同じ色のため浮き立たず、

〝赤ら顔の熊〟と思いきや、なんと悪魔というではないか!
フレッドくんに罪はないけれど、世界のマンUなんだから、もう少し頑張ってほしい。
ただ、このフレッドくんだけでなく、海外のクラブには、グレード低めのマスコットが少なくない。
そう、そうなんです。日本が世界に誇れるもののひとつ。それは、各クラブのマスコッ
ト。これが、なかなかの充実ぶり。
マスコットとしての完成度、観客に対するホスピタリティの高さでは、清水エスパル
スのパルちゃん。もうマスコット界では師匠クラス。
ベガルタ仙台のベガッ太くんの悪戯っぷりもなかなか良い。
芸達者ならFC東京の東京ドロンパ。
大宮アルディージャのアルディとミーヤはカワイイし、大分トリニータのニータンに
ザスパクサツ群馬の湯友と、もう数え上げるときりがない。
そんな充実のJリーグ・マスコット界のみならず、世界のサッカーシーンにも革命を
起こしそうな勢いの新マスコットが、J2のガイナーレ鳥取に出現した。
その名も「強小《きょうしょう》戦士ガイナマン」。
これは、斬新かつ革命的。さらにカッコイイ。こんな戦隊ヒーロー的なマスコットが、
これまでのサッカーシーンに存在しただろうか? 強そうでスマート。そして〝ゆるく

ない〟のが良い（最近、ゆるキャラとやらが氾濫しているが、ゆる過ぎて、子どもに気付いてもらえなかったキャラを何度か見たことがある）。

そして、このガイナマンなら、まだまだ次の展開も広がりそうだ。主題歌、必殺技、ヒロインとの恋、ガイナマン・ファミリーの登場、天敵の存在、ガイナマン・シャンプーに、ガイナマンふりかけ。

ガイナマン！　まずは手始めに、マンUの赤い悪魔、フレッド・ザ・レッドをやっつけてくれ！

（マニアック指数60％）

他のゆるキャラとは一線を画す「キヅール」

――2017年10月26日号掲載

ゆるキャラ過多の今日この頃。スタジアムで「ゆるキャラ大集合」的なイベントを目にすることも少なくない。

何をもってゆるキャラと呼ぶのか、そのさじ加減は非常に難しい。くまモンやぐんまちゃんのように、可愛くて絶妙なゆるさを醸し出すキャラクターが大多数なのだろうが、なかには方向性がとんちんかんなゆるキャラもいる。

スタジアムで出会ったあるキャラクターは、マイクとスピーカーを内蔵し、会話ができるのが売りだった。しかしながら、スピーカー音量の調整ミスか、そもそもの取り付け位置が悪かったのか、話すたびにハウリングを起こしてしまう始末。これはゆるい。とはいえ、ゆるさをアピールするポイントが、明らかにズレている。笑わずにはいられなかった。

世に溢れるゆるキャラの中で生き残っていくには、ゆるさとは相反する抜け目のなさ、計算高さも必要だが、そんな中ブームに一石を投じるキャラクターが、Ｊ３のグルージャ盛岡に降臨する。盛岡のマスコット「キヅール」が立体化され、10月15日の琉球戦でお披露目されることになったのだ。

グルージャはスペイン語で鶴。その鶴をモチーフにしたマスコットキャラクターを募集し、投票の結果、勝ち残ったのがキヅールだ。画期的で革新的な姿を見て驚くことなかれ、キヅールは折り鶴である。ゆるさを感じるのは足元のみで、基本は直線的なデザイン。なにせ折り鶴だから。

立体化にあたってクラウドファンディングが実施され、目標金額に達したため、キヅールは晴れて3次元になるのだが、噂によるとその体長、横幅ともに2・4メートルだという。これはゴールマウスの高さとほぼ同じだ。でかい！　ゆるくない！　神々しい！　キャラクター同士のサッカー対決ならGK確定だろう。

他のゆるキャラとは一線を画すキヅールは、きっと子どもたちに媚びたりしない。一緒に写真を撮りたければ、自分から近づかなければならないが、しかし巨大ゆえ、親は被写体との距離を取る必要がある。キヅールとふたり残された子どもは、心細くなって親の元へ駆け出すだろう。

どのくらいの速さで動くのか？　どこに格納されるのか？　キヅール降臨の日が楽しみで仕方ない。


（マニアック指数90％）

立体化されたキヅール。驚きのアジリティ

――2017年11月9日号掲載

10月15日、日曜日の午後になんの気もなしにスマホをいじっていた指がピタリと止まった。「Ｙａｈｏｏ！」のリアルタイム検索ランキングの堂々1位に、「キヅール」の文字を見つけたからだ。

前回のコラムでも触れたグルージャ盛岡のマスコット、キヅールがＪ３どころかＪリーグの枠を超えんばかりの勢いで話題になっていた。スマホを眺める私の顔が、にやけていたのは言うまでもない。

折り鶴をモチーフとしたマスコットが立体化され、お披露目となったこの日。いわぎんスタジアムにはいつも以上に多くの観客が詰めかけていた。それだけ期待が大きかったということだろう。ＳＮＳ上には降臨したキヅールの雄姿が、動画、静止画ともにたくさんアップされていた。

折り鶴ゆえにその直線的なフォルムは美しく、にもかかわらず登場しただけでどよめきと笑いが巻き起こる上々のデビューとなったようだ。

私は勝手に、キヅールのアジリティに不安を抱いていたのだが、それも杞憂に過ぎなかった。デモンストレーションのサッカーでは9人をドリブルでかわし、最後はGKをよく見て冷静にゴールネットを揺らしてみせる。くるくると回ったり、華麗にサイドステップを踏んだりとフットワークも軽快。てっきりポジションはGKだと思っていたが、実際は決定力抜群の大型CFだった。

疲れるとピッチ上に置かれた座布団に座るという、新手のパフォーマンスも披露。その姿も趣がある。お披露目では頭部が外れるアクシデントもあったようだが、人間の形をしていると噂の内臓は、それだけでは露わにならない。これも、「子どもたちの夢を壊したくない」というキヅールの優しさに違いないのだ（関係者はひやひやだっただろうが）。

羽の部分は、かなり融通が利く安心設計。これなら狭い場所でも問題ない。今後はグッズ展開も楽しみだし、キヅール体操なんかも編み出して、子どもたちと一緒に盛り上がる姿も見てみたい。将来的には結婚し、キヅールファミリーが登場するかもしれない。

こうなると、とにかく早く実物をこの目で見てみたい。ゆるくない、直線的なフォルムを拝みたい。Jリーグに、新たなスターが誕生した。

（マニアック指数85％）

キヅールと念願の初対面

――2019年3月14日号掲載

シーズンの始まりを告げるフジゼロックス・スーパーカップを観戦するため、埼玉スタジアム2002に足を運んだ。リーグ3連覇を目指す王者・川崎フロンターレと、多くの即戦力を加えた浦和レッズがぶつかる楽しみなカードだ。

スタジアム到着はキックオフの2時間半前。早めに着いたのにはワケがある。この日は試合以外にも楽しみがたくさんあったからだ。

まずはグルメパーク。全国各地のスタジアムグルメが、南広場に大集合するという。もちろん、朝から何も食べていない。前日に下調べをして、行きたい店の狙いもつけていた。ところが、南広場は人の渦。各店舗に並ぶ長蛇の列が複雑に絡み合い、本当に渦のようになっていた。

その渦の中で、「富山に来てください」、「鹿児島で待っています」など、地元愛に満ちたたくさんのサッカーファンの方に声を掛けていただいたけれど、とはいえ、このまま行列に並んでいても埒《らち》が明かない。グルメは諦め、気持ちを切り替える。ならばマスコットでしょ‼

可愛らしいマスコットが多いなか、キヅールの“ゆるくなさ”は斬新

この日はJリーグのほぼ全クラブのマスコットたちも大集合。彼らの姿を求めてスタジアム周辺を歩き回る。しかし、なかなか発見できずにいると、ある女性から「写真を撮ってもらってもいいですか?」と声を掛けられた。快諾し、どちらの応援なのか尋ねたところ、「マスコットを見に来ました」とのこと。まさに類は友を呼ぶ。すると、その女性の父親から「マスコットがいた!!」との一報が。見ず知らずの親子と右往左往する。

だが結局、マスコットに近

づくことはできなかった。なぜなら、この日は「もふチケ」という入場料とマスコットと触れ合える権利がセットになった、少し高めのチケットが販売され、購入者のみがその恩恵を受けることができたからだった。

ただ、グルメもなし、マスコットにも会えないなんて我慢ができない。マスコットたちが集まる「おうち」を確認し、13時からのグリーティングに姿を見せるはずの彼らを待ち構える。会えた。ようやく会えた。ニータンにヴィヴィくん、そしてキヅールにも念願の初対面。やはり独特の無機質感がたまらない。そして、普段は見ることができないマスコット同士のコラボも最高だった。

途中で別れたあの親子も、どこかでマスコットに会えていたらいいのだけれど。

（マニアック指数80％）

マニア垂涎のマスコット写真集

――2018年8月23日号掲載

今年は例年以上に夏の移籍市場が賑やかだ。イニエスタやフェルナンド・トーレスは別格だが、V・ファーレン長崎のヨルディ・バイスのように名前を聞いたことはなかったけど、即戦力の外国人選手もいる。日本人選手もあっと驚くような移籍をしており、なかなかの活況ぶりである。

スマホをいじっていると「小野瀬」「古橋」の文字。J2からJ1へのステップもあり、徳島ヴォルティスからヴィッセル神戸へ移籍した大﨑玲央はいきなりの先発出場。いつもどおりのプレーで期待に応えた。

スマホでいうと、最近はスポーツ紙より先にSNSを通じて移籍情報が拡散するケースがある。高校生のSNSからピーター・ウタカの徳島加入が噂になり、清水の飲食店で撮ったドウグラスの写真も広まった。

ならばこれを逆手にとって、Jリーグクラブがある街に行って飲食店で選手の写真を撮り、SNSで拡散して移籍かもという空気を作る。そして人気銘柄と錯覚させ、選手の市場価値を上げるという七面倒臭い作戦を思いついたけど、時間があったら練習して

大分トリニータのニータンの写真集は、マニアでなくとも必見の内容！

評価を高めたほうが良いに決まってますよね。失礼しました。

そんな夏の移籍市場が開く前に、スマホのある情報に目が釘付けになった。大分トリニータのマスコット、ニータンの写真集発売。題して「おつかめさまです。ニータンです。」。もちろん購入済み。あまり詳しく書くとネタバレになってしまうので、詳細は控えるが、マニア垂涎かつマニアでなくとも必見の仕上がりになっている。

私のお気に入りは、寄りのニータンよりも引きのニータン。引きの写真のほうが、ニータンの魅力が倍加する。大分各地の観光地での撮影は、実に微笑ましく、日本建築とニータンの組み合わせが意外とフィットしている。さらに奇跡のツーショットも。なんとグルージャ盛岡のマスコット、キヅールとニータンが一枚の写真に収まっているのだ。鶴と亀で縁起が良いのはもちろん、直線と曲線が織りなすハーモニーには思わずうっとりさせられる。

池の水面に映るニータンもなかなかの趣。逆さ富士ならぬ逆さニータン。家でゆっくり楽しむも良し。マスコット好きな方へのプレゼントにも良し。『おつかめさまです。ニータンです。』は絶賛発売中です。

（マニアック指数85％）

独断で選ぶ「2012マスコットアウォーズ」!!

——2013年1月1日号掲載

天皇杯は残すものの、基本的にはシーズンオフのこの時期。選手たちは悲喜こもごも。契約を更新した者。契約非更新の者。そんな落ち着かない時期に、早々と契約更新を勝ち取った者がいた。

11月12日、契約更新が発表されたのはサガン鳥栖のマスコットキャラクター、ウィントス。例年なら、年明け2月頃の契約更新が多いが、今年は早かった。チームの好成績で時期が早まったのか？　他クラブから高額オファーがあったのか？　毎年不安に過ごしていた正月も、これで枕を高くして眠れることだろう。

そんなウィントスに限らず、マスコットキャラクターは今季もJリーグを盛り上げてくれた。ということで今回は、独断で選ぶ「2012マスコットアウォーズ」をお届けします！

まずは、ベストヤングキャラクター賞はガイナーレ鳥取のガイナマン。Jリーグキャラクター界に新風を吹き込み、完成度も高く、初年度ながら個性もしっかりと確立されている。大型新人登場といった感じ。これからの活躍は間違いないところだろう。

続いて功労キャラクター賞は一平くん。愛媛ＦＣの熱烈サポーターという一平くん。ベストキャラクター賞での選考も考えられたが、いかんせん愛媛の公式キャラクターではない。しかし、多方面にわたる活躍、様々なスタジアムに現れるフットワークの軽さ、そしてその人気ぶり。Ｊリーグに欠かせないキャラクターにまで成長した点を高く評価した。

ではここから、ベストキャラクター賞トップ３を発表する。まず第３位。ＦＣ東京の東京ドロンパ。動きの良さ、パフォーマンスの素晴らしさ、小さな身体で観客を魅了するエンターテインメント性はＪリーグ屈指。にもかかわらず、選手をしっかり立てるその立ち居振る舞いは見事。来年のパフォーマンスも楽しみだ。

ベストキャラクター賞第２位は愛媛ＦＣのオ〜レくん、たま媛ちゃん、伊予柑太。キャラクターの完成度はもちろんのこと、可愛らしさ、観客を盛り上げようとする一生懸命な姿勢、そしてなによりも、この３キャラクターが作り出す世界観が本当に楽しげ。今度生まれ変わったら、あのトリオに入りたいと思わせる。

そして、２０１２年最優秀キャラクターはジェフユナイテッド市原・千葉のジェフィとユニティに決定！　可愛らしさ、愛嬌、万人に愛されるキャラクター。それに加えて、選考委員の私の心を打ったのは、プレーオフの国立競技場でのジェフィとユニティの振る舞いだ。

開場して間もなく、まだスタンドの観客が数人だったピッチに現れたジェフィとユニティは、誰も見ていない中で、ピッチに深々と頭を下げお辞儀したのだ。

クラブに対する想い、サッカーへの愛、この1試合の重要さ。周りに人がいるとかいないとか、見られているかどうかなんて一切関係ない。そういう姿勢に心を打たれた。

ということで、来シーズンもこの時期に、マスコットアウォーズでお会いしましょう！


（マニアック指数80％）

#「2013マスコットアウォーズ」を発表！

――2013年12月31日号掲載

2連覇を達成し、晴れやかな表情で舞台を歩くサンフレッチェ広島の監督や選手たち。少し顔ぶれが変わり、フレッシュな印象のベストイレブン。2013Jリーグアウォーズは、MVPに輝いた中村俊輔の深く、重く、感動的なコメントで幕を閉じた。

そしてここからは、2013マスコットアウォーズを開催いたします。雨の日も、風の日も、時にはアウェーまで足を運び、スタジアムを盛り上げたキャラクターたち。そんな活躍に敬意を表し、各賞の発表をいたします。

まず、ベストヤングキャラクター賞はV・ファーレン長崎のヴィヴィくんです！　フレッシュさはもちろん、礼儀正しさ、誰からも好かれる立ち居振る舞いは、育ちの良さを感じさせる。それは、本家Jリーグアウォーズでベストヤングプレーヤー賞を獲得した、セレッソ大阪の南野拓実と同じ空気感。

実際のヴィヴィくんは、とにかく可愛く、他クラブサポーターからの人気も高い。そして、なによりヴィヴィくんの素晴らしさを感じる瞬間は、長崎のスタッフ、つまり身内からも愛されているところだ。

スタッフのヴィヴィくんに対する接し方から、その存在を本当に愛おしく思っているのが分かる。外にも伝わるクラブとキャラクターの関係は大切で、そういうところもひっくるめて、ベストヤングキャラクター賞は、ヴィヴィくんに決定！

続いて、フェアプレー賞はロアッソ熊本のロアッソくん！　身ぐるみ剥がされそうになったロアッソくん。同郷のくまモンは大人気。そんな不遇に直面しても、周囲に元気を振りまく姿はフェアプレーそのもので、一生懸命な振る舞いから力をもらった人も少なくないはずだ。そんなロアッソくんに幸多かれという気持ちを込め、フェアプレー賞はロアッソくんに決定！

優秀キャラクター賞は、徳島ヴォルティスのヴォルタくんとティスちゃん。ヴォルタくんの可愛らしくも、絶妙なおバカ加減が良い塩梅。コミカルな動きで、目の前のひとりの子どもも、スタンドの観客も同じように楽しませる。その行動を女の子らしい仕草で、優しく見つめるティスちゃんとのコンビネーションは微笑ましい。来年はＪ１で大暴れすること間違いない。

そして、今季の最優秀キャラクター賞は、川崎フロンターレのふろん太くん、そしてその仲間、ピーカブー、コムゾーです！

等々力競技場の選手入場前。静寂の中、ピッチには、この３キャラクターだけになる瞬間がある。この瞬間こそ、この仲間たちの素晴らしい瞬間なのだ。音楽もなにもないこの瞬間。つまり自由演技なのである。360度、様々な視線を浴びながらも、彼らは生命体として等々力のピッチで呼吸し、会話を楽しみ、違和感なくそこに存在する。

輪廻転生が本当にあるならば、あの仲間に生まれ変わりたい。そう思わせるほど、彼らの生み出す世界観は素晴らしい。川崎のサッカーを楽しむ前に、この世界観に是非浸ってほしい。

それでは来季も、この時期にマスコットアウォーズでお会いしましょう。

（マニアック指数80％）

「2014マスコットアウォーズ」の受賞者を発表！

――2015年1月6・13日号掲載

J1の最終節が終わっても、いつもなら天皇杯が数試合残っているので、〝終わった感〟がない12月中旬だが、今季はスケジュールの都合上、天皇杯の決勝も元日ではなく、一年が終わりに向かっていることを痛感していた。

しかし海外から、しかも氷上からサッカーはワールドワイドであり、終わりがないことを教えられた。その地はスペイン・バルセロナ。男子フィギュアスケート、グランプリファイナルの羽生結弦選手の演技終了後、客席からリンクに投げ込まれる花やプーさんのぬいぐるみの中に、たぶん、いやほぼ間違いなく、一平くんらしきカエルのぬいぐるみがあるではないか！

ということで、毎年、勝手に開催している「マスコットアウォーズ」のベストパフォーマンス賞は一平くんに決定。

愛媛FCのホームゲームでは、ゴール裏のサポーターと同様に声援を送る一平くん。J1通算100試合出場を達成した齋藤学のセレモニーではプレゼンターとして登場した。そして、愛媛のキャラクター・オ～レくん、たま媛ちゃん、伊予柑太をバックバンドに（公式キャラクターをバックバンドにしてボーカルを務める熱烈サポーターというのは、一体どういう力関係なんだ?）、一平ｗｉｔｈオレンジボンバーとしてＣＤデビューするなど、活動領域は限界知らず。15年の活躍に期待したい。

ベストヤングキャラクターは川崎フロンターレのカブレラに決定！

かつてはピーカブーという名で等々力を盛り上げていたが、ＳＭＢＣ日興証券のピーカブーという個人向け証券総合サービス終了に伴い、6月14日のファン感謝デーで活動は終了した。しかし、そのファン感謝デーでマスコットの権利がＳＭＢＣ日興証券から川崎に委譲されることも発表され、その後、新キャラクター名「カブレラ」として生まれ変わった。

川崎のホームページで紹介されているカブレラのプロフィールは、カブと川崎をお題にした大喜利の様相を呈している。遊び過ぎて一体どんなキャラクターなのか分からなくなってしまっているが、当初はチームのキャラクターではなかったものの、フロンターレサポーターにピーカブーが愛されていたことと、ＳＭＢＣ日興証券の懐の大きさ、そして川崎のほっこりとする温かい心が、カブレラを生み出したと言っても過言ではない。生まれ変わったカブレラの活躍に注目だ。

そして、マスコットアウォーズＭＶＰはサンフレッチェ広島のサンチェに決定！

ツキノワグマがモチーフのサンチェ。生まれた時は、顔がごつごつで巨大ポップコーンのような感じだったが、そこから進化を始め、今季の開幕前には瞳を大きくするという、考えただけでも痛くなるようなプチ整形を敢行。喜んでもらえるなら、自分を犠牲にすることも厭わない姿勢に感動。常に上を目指す姿勢はＭＶＰに相応しく、今後の進化も楽しみにしたい。

以上、２０１４マスコットアウォーズでした。

（マニアック指数80％）

「2015マスコットアウォーズ」今年も発表！

——2015年12月24日号掲載

Jリーグが胸を張って世界に誇れるもののひとつが、Jクラブのマスコットたち。海外クラブのマスコットには、笑うに笑えない存在も少なくない。世界トップレベルのマスコットたちの活躍を、独断と偏見で勝手に讃える、2015年Jリーグマスコットアウォーズの開幕です。

灼熱の夏の日や梅雨の時期、台風に襲われても、人気のゆるキャラが来場し影が薄くなっても、スタジアムを盛り上げるために奮闘するマスコットたちを讃えたいと思います。

最優秀チーム賞は、愛媛FCのキャラクターたち。オ〜レくん、たま媛ちゃん、伊予柑太、愛媛FC事務局契約社員という金太。そして、愛媛の熱烈サポーター・一平くん。それぞれ個性あるキャラクターでありながら、みんなが集まった時のファミリー感は他の追随を許さない。自らが主役になって盛り上げる時と、一歩下がって愛するクラブのために献身的に支える時のメリハリが見事。NHKのスポーツニュースで、スタジオにまで登場した一平くんのサクセスストーリーは、一体どこまで続くのか？　今後の活躍がとにかく楽しみだ。来季もこのファミリーから目が離せそうにない。

ベストパフォーマンス賞は、ロアッソ熊本のロアッソくん。『ロアッソくんサンバ』という曲を発表。軽快な音楽、親しみやすい歌詞、楽しいダンス。

サッカー楽しい！　熊本最高！　そんな感じが至るところにちりばめられている。これをきっかけに、子どもたちがサッカーに、熊本に興味を持つだろう。

47歳のヒラハタも存分に虜になったし、ダンスも覚えた。新曲やアルバム、リミックスバージョンへの発展も期待したい。

そして、栄えある「15年Jリーグマスコットアウォーズ MVP」は、大宮アルディージャのミーヤちゃんに決定！

見た目の可愛さはもちろん、群を抜く女子力の高さ。可愛いのに、茶目っ気たっぷりにちょっかいを出し、男心を見事にくすぐる。加えて、表舞台でも人目に付かない場所でも、ミーヤちゃんはミーヤちゃんであり続ける。可愛さの裏にある芯の強さも賞賛に値。さらなる女子力の高まりにも期待したい。

ということで、来季もJリーグマスコットアウォーズでお会いしましょう。

（マニアック指数80％）

恒例の「2017マスコットアウォーズ」発表！

――2018年1月11日号掲載

川崎フロンターレの劇的な逆転優勝で2017年のJ1リーグは幕を閉じたが、スタジアムを沸かせたのは選手だけではない。各クラブのマスコットも例年同様、いや例年以上にJリーグを盛り上げた。

恒例の（？）「Jリーグマスコットアウォーズ」を今年も勝手に開催いたします。ベストヤングマスコット賞は、グルージャ盛岡のキヅールで決まり。デビュー前から期待値の高かった〝大型新人〟は、その巨体と他のマスコットにはない直線的なフォルム、予想外のアジリティの高さで観る者を圧倒。疲れるとピッチ上に置かれた座布団に座るなど、微妙な笑いも生み出してくれた。クラウドファンディングでマスコットを立体化した試みも興味深く、キヅールの登場は、マスコット界が新たなフェーズに突入したことを実感させる。

引退したわけではないけれど、長年の功績と今も色褪せない輝きを讃え、功労賞は名古屋グランパスのグランパスくん、グランパコちゃん、グララ、グランパスくんJr.

のグランパスくんファミリーに。昇格プレーオフの準決勝で久々に会えたが、相変わらずの愛くるしい瞳と愛嬌のあるボディで、見ているだけで優しい気持ちになれた。昇格を懸けた緊張感のある戦いの中で、彼らが与えてくれた癒やしは、まさしく一服の清涼剤であった。

長年の活躍にもかかわらず鮮度が落ちず、Ｊリーグマスコット界のトップランナーであり続けていることは、尊敬に値する。キヅールに代表される異色のマスコットが注目されるのも、グランパスくんのような〝王道〟が健在であるからこそだ。

そしてＭＶＰは、川崎フロンターレのふろん太くんとその仲間たちに決定！　スタジアム内でのパフォーマンスに加え、スタジアム外での稼働率の高さも評価した。人懐っこくて親しみやすい彼らは、フロンターレというクラブを見事に体現している。

Ｊリーグアウォーズでのフォーマル姿のふろん太くんと、大きな蝶ネクタイをつけたカブレラも良い味を出していた。そして、優勝パレードを楽しそうに先導するふろん太くん、カブレラ、コムゾー、ワルンタ（出た！）の姿も実に微笑ましかった。彼らはもはや、クラブにとってなくてはならない存在であり、悲願のＪ１初優勝に少なからず貢献したのは間違いないだろう。

（マニアック指数70％）

第6章 プロ選手の生き様

プロが耳を傾ける時

——書き下ろし

他のチームで活躍した選手を移籍で獲得することもあるが、若い才能ある選手を自分たちで発見し、育てていく鹿島アントラーズ。そこには、良い選手を見つける確かな目が必要となるが、プロとして活躍するか否かを見極める際に大事にしているポイントのひとつが立ち姿らしい。

ピッチの上にいる時のたたずまい、立ち居振る舞い、そして姿勢。テクニックやスキルが必要なことは当然ではあるが、さらに、その人間が醸し出す空気をプロの目は敏感に察知するらしい。

ただ、スタジアムで観戦している人たちも、プロの選手が持つ目に見えない力のようなものにしっかりと気付いている。好きな選手は誰か？　と聞くと、そのチームで一番テクニックがある選手よりも、一番走る選手や一番体を張る選手、一番戦う選手の名前を挙げる人が多い。

目に見える何かよりも、何か心に訴えてくるもの。プロの目線と観客の目線は離れているようで、実はそれほど遠くはない。選手たちはプロとして技術を磨き高めようと日々努力する。そのこと自体、何も間違っていないし、大正解だけど、観客が心を動かされるのは、そればかりではないところが、サッカーの面白さでもある。

監督や選手の中にも、そんな普通の人の意見に耳を傾け、プロのサッカー生活の糧にしている人もいる。鹿島アントラーズの中村充孝もそのひとり。中村の奥さまはまったくサッカーが分からない。だからこそ、その目線はピュアで当たっていることが多いという。自分でも納得いくプレーができなかったと思い、家に帰ると、奥さまは「今日全然あかんかったな」と言うらしい。

サッカー関係者はいろいろ気遣い、本当のことを言ってくれない。奥さまはサッカーを知らないからこそ、その目線はピュアでストレート。どの意見が自分の真の姿を捉えた意見かは、当の本人が一番分かる。そして、そんな意見にも耳を傾けられることがプロとして、大事な姿勢のひとつなのだろう。

解説者の川勝良一氏は、家でサッカーを見ている時、画面に映っているサッカーを見て、奥さまがふと漏らす一言があまりにも芯を食った意見で、ドキッとすることがあるそうだ。

かつて、徳島ヴォルティスの監督を務めていた美濃部直彦氏は、ある外国人選手を獲得するか否かで悩んでいたが、その選手の映像を見た娘さんが、「この選手速いね」と素直に驚いているのを見て獲得を決断。その選手こそ、後にコートジボワール代表に選ばれたドゥンビア。あの時、美濃部氏が聞く耳を持っていなかったら、ドゥンビアはコートジボワール代表になれていない可能性もある。

埼玉スタジアム2002のミックスゾーンでひと通り記者の質問に答えた後、興梠慎三は私にこんな質問をしてきた。「上から見てて、どう思います?」。つまり、スタンドから見た浦和レッズのサッカーの印象を聞いてきたのだ。

私は、この人は本当に凄いと思った。Jリーグでトップレベルの選手が、私の意見を聞こうとするなんて。少しでも良くしようとする姿勢。そのために貪欲に意見を聞こうとする姿勢。プロの世界には、テクニックやスキル以上に大事なことがたくさんあるに違いない。

(マニアック指数80%)

プロは一秒も時間を無駄にしない

――2014年2月18日号掲載

高校生の頃、炎天下での練習は時間の経過を遅く感じさせた。暑さのせいで校舎に取り付けられた時計の針も動きが緩慢だったのか、事あるごとに時計を見るものの、なかなか時は進んでくれなかった。そんな時、空を見上げては雲を探し、「早く太陽を隠してくれ！」。そんなことばかりを考えていた。

夏合宿の初日の練習前、顧問の先生は全員を集めてドスの利いた声で言った。

「俺は、無茶は言わんが無理は言う」

生徒の頭の中に「?」が広がったが、合宿がただ事でないと察した。サッカーが上手くなりたい、チームを強くしたいという感情など微塵もなく、ただ時間の経過を願った。そして唯一記憶に残ったのは、合宿終了時に食べたスイカが、この生涯で一番美味しく感じたということだった。

14年シーズンが動き始めた。各クラブもキャンプに入り、開幕に向けてトレーニングを始めている。私のバカ高校生時代と比べるのはおかしな話だし、チームによって違いがあるものの、選手にとってキャンプは相当過酷に違いない。

プロ経験のある方に話を訊くと、ほとんどの人がキャンプの辛さ、この期間の厳しさを語る。キャンプさえなければ……。正月明けの頃から気分がブルーになるらしい。もう少ししたら、またあの苦しいキャンプが始まる——。その憂鬱さは、明日から1週間が始まることを感じさせる、日曜日夕方の『サザエさん』を見ている時の気持ち×100ぐらいだろうか？

そして、苦しい思いをした選手たちも、何年後かに監督やコーチになり、選手にキャンプの必要性を説き、厳しい練習を課すようになる。選手もここで手を抜くと、相手に勝てないばかりか、チーム内の競争にも勝てない。そういう意味で、非常に大事な〝勝負の時期〟でもある。

1月初旬、静岡の閑静な住宅街で番組のロケをしていた。

閑静な住宅街では、健康維持のため午前中からランニングする人たちを多く見かけた。大半が中年よりも上の世代。記録云々ではなく、自分のペースで身体を動かすことを純粋に楽しんでいるようだった。

その中に、明らかに動きの違う若者を発見した。スピードが尋常ではないし、走るフォームが綺麗だ。走りたいのは分かる。でも〝そんな体力があるなら働こうよ！〟と思っていたら、その青年が私の前で止まった。そして、ふたり同時に口を開いた。

「こんにちは」

青年は清水エスパルスの選手だった。仕事がなく、ストレス発散のために午前中から走っていたわけではなく、良い仕事をするために走っていたのである。オフでも身体を動かさない日は一日もないと言った。なぜなら、身体を動かさないと不安になるから。そしてキャンプ初日、学生のテストの時のように〝俺はなにもしてませんよ〟というような顔をみんなするらしい。でも、動けば一目瞭然。みんなしっかり身体を作ってくる。だからサボれない。

プロは一秒も時間を無駄にしないのだ。

（マニアック指数70％）

パンダ級に愛されている「田島翔」という男

――2012年8月7日号掲載

J1も後半戦に突入した。この時期になると、雑誌等では今季加入した新戦力の評価と夏の移籍が取り上げられる。結果を残していなければ、当然、評価は厳しくなる。期待された助っ人が活躍していないと、サポーターも落胆を隠せない。「給料泥棒！」と文句のひとつも言いたくなるだろう。ましてや、出場試合数がゼロの選手もいる。私の周りの草サッカー好き、草野球好きがけっこうな試合数をこなしている時期だというのに（草野球好きの私の友人は、毎年プロ野球選手より多くの試合数をこなす）。

7月16日、「2012ロアッソ熊本ファン感謝祭 in 健軍商店街」、いわゆるファン感謝デーのイベントに参加するため、私は熊本を訪れた。

選手全員参加（市村、吉井選手は体調不良のため欠席）のこのイベントは、選手とサポーターの距離が近く、フランクな交流が多いこともあって、本当に楽しいイベントになった。熊本には、話したことがある選手も多いし、話をしたことがなくとも、サッカーをバカみたいに見る私には、ほとんどの選手の顔と名前が一致した。

さて、このイベントは舞台に上がる選手以外は、客席で出し物を見る形式になっていた。あるひとりの選手が舞台に上がった時、客席の選手たちがぐっと前のめりになったのだが、申し訳ないことに、私はその選手のことを知らなかった。

その選手の名前は「田島翔」。

よくありがちなパターンでイジラレ役の選手に対し、イジリ役の選手がむちゃぶりをする。イジラレ役の選手が追い込まれ、訳の分からない行動、もしくはノーリアクションで失笑、というのがある。田島選手を分類すれば、〝イジラレ役〟になるだろう。

しかし、そんな範疇に収まるようなキャラではない。

とにかく愛されている。選手全員に愛されているのだ。みんな、田島選手が大好きなのだ。チームのマスコット、ロアッソくんが嫉妬してしまうほど愛されている。パンダ級の愛され方と言ってもいい。

田島選手はいつも笑顔でいる。だから、「休みの日はなにをしているんですか?」という私の問いに「麻雀」と公の場で答えてしまっても許されてしまう。

さて。この田島選手を選手名鑑で調べてみた。その経歴がまた面白い。

北海道北斗市出身、熊本加入1年目の29歳。函館工業高→クレメンティカルサFC(シンガポール)→FC琉球→ノルブリッツ北海道→TSKロセス(スペイン5部)。尊敬する人物がジンギス・カン。

「未婚？　既婚？」の問いに「一」。どっちなんだよ？

今季の出場はゼロ（7月20日時点）。実は、Jリーグでのプレー経験もまだない。しかし、出場はゼロでもその貢献度は計り知れず、彼の存在がチームの雰囲気を良くしている。

自転車で練習場に通うという田島選手。この愛され方を見る限り、Jデビュー戦でピッチに立った時、彼のところには、きっとやさしいパスが集まるに違いない。

（マニアック指数85％）

ああ奥深きかな、ドリブルの世界！

――2012年9月25日号掲載

やれユーロだ！　やれオリンピックだ！　と盛り上がっているうちに、いつの間にかロベルト・カルロスが現役引退を発表していたらしい。

左サイドでいつも異空間を作り出していたロベカル。スピード感溢れるドリブル、左足から放たれる強烈なシュートも印象深いが、特に好きだったプレーは次のようなもの。ハーフウェーライン付近で味方からボールを受ける。もちろん相手も間合いを詰めるのだが、左前方のスペースに15メートルほどの浮き球を蹴る。味方に預けるパスのように見えるが、いつも追いつくのはロベカルだった。

これを「未来の自分へのパス」と私は呼んでいた。数秒後に自分が到達しているであろう地点に向けてパスを出す。見方によっては、パスミスを自分で取り返しに行っているようにさえ映るプレー。でも、彼の頭の中ではドリブルなんだろうなー。

1タッチの距離が異常に長いドリブルは、逆イニエスタだ。ドリブルの定義が如何なるものか分からないが、同じ人間が2回連続でボールにタッチしているからドリブルなんだろう。

ドリブルもなかなか奥が深い。

2009年4月19日、J2・9節のコンサドーレ札幌対セレッソ大阪戦で香川真司が見せたドリブルも圧巻だった。乾貴士とのワンツーでペナルティエリアに侵入し、エリア内を横断しながらDFふたりをかわした後、一気にもうひとりのDFとキーパーもかわしてゴールに流し込む見事なシュート。このドリブルは勢いがあった。

たまたまそこにゴールがあったからゴールに流し込んだだけで、もしゴールが札幌ドームの正面玄関に設置されていたら、観客も売店の店員もガードマンもかわしていただろう。最近はシンプルにプレーすることが多いが、あのドリブルをイングランドの地でも見せてほしい。

最近、私が注目している別タイプのドリブルがある。そのドリブルの体現者は、現在、水戸ホーリーホックに所属する鈴木隆行。一般的に、あまりドリブルのイメージはない。たとえ浮かんだとしても、フィジカルを生かし、相手DFを押さえ付けながら強引にドリブルするイメージだろう。

私が大好きなのはキックオフの時のもの。試合開始の笛が鳴り、味方が触ったボールを鈴木は必ずドリブルで前進させるのだ。後ろには下げない。

これほどストレートなメッセージが込められたドリブルがあるだろうか。魂のこもったドリブル。音楽のジャンルならロックだ。

11人の先頭に立つ男の生き様。なんの飾り気もない。ボールをまたいだりもしない。逃げることなくドリブルし、ただひたすら相手ゴールに迫る。本当にかっこいい、そして男臭いドリブル。

メッシやC・ロナウド、イニエスタをはじめ、ドリブルはその選手の個性が出て本当に面白い。

たまにCBがドリブルを始めたのはいいが、加速がつき過ぎて止まれなくなり、相手DFとぶつかるドリブルも好きだなー。

（マニアック指数60％）

気になるJの助っ人たち

――2013年4月2日号掲載

なんとかミクスの影響かどうか知らないけれど、世の中、円安らしい。細かいことは分からないが、輸出には良くて、輸入はよろしくない。ならば、なんとかミクスの前に優良外国籍選手を獲得しておけば良かったのに。噂どおりラウールがFC東京に来ていたら、一体どのポジションやってたんだよ、などと考える今日この頃。とはいえ、今季もいろんな外国籍選手がJリーグにやって来た。

柏レイソルのクレオは雰囲気がある。他のFWとは違う佇まい。大阪のご婦人、いわゆるおばはんなら「あの人、シュッとしてはるなー」と言うだろう。

まさにシュッと余裕のある佇まい。余計な動きが少ないのだ。そして、助っ人FWにありがちな、パスを出せと要求しまくり、パスが来ないとふて腐れ、俺がシュートを決められないのは、お前たちがパスを出さないからだ、といったような横柄な態度も見せない。

我慢ができるFW。でも、決めるところは決める。それに加えて男前で背も高い。モテるだろうなー。

アルビレックス新潟はまた良い選手を連れてきましたね。レオ・シルバ、これは本物の匂いがプンプンする。

選手名鑑などでは攻撃力が売りと書かれているが、目を引くのがその守備力。ボールが奪える。身体のしなやかさと頭の良さでボールを奪ってしまう。しかもファウルなしで。

ふたり分の仕事ができる選手。新潟加入にあたり、アンデルソン・リマなど新潟に在籍した選手にアドバイスをもらったらしい。

そう、ここに新潟が良い助っ人を連れてこられる理由のひとつがある。選手同士のネットワークが緊密。クラブの良し悪しなど選手間にすぐ広まる。ブラジル人ネットワークの中で、新潟の評判が良いと推測することができる。こういう評判もクラブの大きな財産なのだ。

面白くなりそうなのが、ジェフユナイテッド市原・千葉に延世大から加入したナム・スンウ。テクニックがある。しかし、そのテクニックに酔っていない。そのテクニックを、いつ、いかなる場所で使うかをよく考えて実践しているプレーヤーだ。見せびらかすテクニックではなく、チームのためになるテクニックで、ラストパスのスピードも絶妙。楽しみな選手のひとりだ。

そして、シーズン前から気になる選手がＦＣ岐阜にいた。ガーナ系イタリア人のデズモンド。ワイルドな雰囲気に溢れ、なんとインテルにも在籍経験があるという。

しかし、前所属は藤枝ＭＹＦＣ。なんだかよく分からなくなってきたぞ！　デズモンド。にもかかわらず、好きなサッカーチームはユベントスってどういうことだよ？　好きなサッカー選手はマテラッツィ。危険な香りがプンプンする。日本の選手が削られまくってピッチは血の海に……と思ったら、心配なかった。かなりボールに食いついているようには見えたけど、身体を張って守っていた。ハードではあったが、ダーティーではなかった。安心した反面、暴れまくるデズモンドを見てみたい気もする。

（マニアック指数80％）

〝良い役者〟は〝自分の舞台〟で輝きを放つ

――2013年7月9日号掲載

Jリーグ開幕20周年を記念して、Jリーグとショートショートフィルムフェスティバル&アジアがタイアップ制作した『旅するボール』という短編映画に出演させていただいた。

この映画を担当した大川五月監督のサッカーへの感じ方が面白い。彼女は完成披露記者会見の際、「ファン、サポーターの皆さんは1点、2点の瞬間のために1週間を費やしていらっしゃると思うのですが、その刹那的な感じが素敵だなと思った」と語っていた。良い表現だなー。

そんな大川監督と話をする機会があった（飲みながらグダグダ話をしていただけだけど）。世の中には、人を引っ張って行く仕事がたくさんあるけれども、サッカーの監督ってなにに近いと思うか尋ねた。

答えは、舞台の監督。

映像の監督なら、欲しい映像を撮るために何度も撮影できるし、その後より良い作品にするために編集も可能。ただ、舞台は一度始まると、監督にはどうにもできない。いくら稽古をしても、うまくいかないこともある。思いどおりにいかない時のほうが多いかもしれない。良い練習、良い稽古ができたとしても、結果はどうなるか分からない。サッカーの監督も、舞台の監督も存分に刹那的だ。

6月16日に行われた、東日本大震災復興支援2013Jリーグスペシャルマッチには、役者が揃った。佐藤寿人のゴールが生まれた連係は素晴らしく、一流のプレーヤー同士が刺激し合い、高め合う感じは、ジャズのセッションのようだった。

ギターソロに刺激され、サックスが良い音を出し、負けじとピアノが音を奏でる。いつものバンドではなく、セッションから生まれる空気感。こういう試合の醍醐味だ。

そして、この大舞台でも役者の違いを見せたのは、千両役者の田中マルクス闘莉王。この選手の一挙手一投足が観客の注目を集める。そして絵になる。ボールを追いかけただけで歓声が上がり、ゴールに向かって走っただけで拍手が起こる。

良い役者が揃ったおかげで、この日の国立は最高の舞台になった。

6月15日も、走っただけでスタジアムを沸かせた役者がいた。水戸ホーリーホックの看板役者、GKの本間幸司だ。

この日の水戸の相手はガンバ大阪で、ケーズデンキスタジアム水戸の入場者数は1万25人・大入り満員。10分に先制された水戸だが、その後は持ち直し、粘り強く戦った。

しかし、87分に再び失点。アディショナルタイムは5分。

そして90＋3分、水戸のＦＫのシーン。本間は相手ゴール前にいた。3節の鳥取戦で胸骨を骨折し、まだ完治せずプロテクターを着用してプレーする男がゴールを狙って。

しかし、ボールはゴールラインを割る。すると、踵を返し、自身が守るゴールに向かって一目散に走り出した。自分らしさが一番出せるゴールマウスという舞台に向かって。

その時、スタジアムは大きな拍手と歓声に包まれた。彼の生き様が観客の心を動かした瞬間だった。


（マニアック指数65％）

「13」番の柿谷曜一朗

――2013年8月6日号掲載

2010年5月29日、J2・15節、レベルファイブスタジアムで行われたアビスパ福岡対徳島ヴォルティスの一戦はホームチームが先制。後半、徳島がPKのチャンスを得たものの、柿谷曜一朗が決められず、結果は1対0で福岡が勝利した。

試合後、スタジアム外の喫煙所で煙草を吸っていると、敗れた徳島の美濃部直彦監督（連載時・AC長野パルセイロ監督）が姿を現した。この人は本当にサッカーに情熱的な人であり、サッカーから離れても人間的に面白く魅力的な人だ。ある日、酒を飲んでふたりでタクシーに乗っている時、突然こんな話を始めた。

「人生は4―4―2やと思うねん」

「どういうことですか、美濃部さん？」

「仕事が4、家庭が4、遊びが2。これが良いバランスやねん」

なるほど、人生もサッカーで例えるのかと感心した途端、「最近4―3―3やけどな」。遊びが増えとるやないか！　とは言わなかったが、タクシーのシートから滑り落ちそうになったのは言うまでもない。美濃部さんは本当に面白い人なのだ。

話を3年前に戻します。喫煙所に姿を見せた彼は怒っていた。誰がどう見ても怒っていた。負けたから怒るというようなレベルではない感じがした。

「椅子蹴ってきた！」

ロッカールームの椅子を蹴り上げたという。誰に向けての行為かと言えば柿谷。聞いた話だと、若きアタッカーは泣いたという。なぜ、泣かすまで怒ったのか？

そこには明確な理由がある。

PKを外した柿谷は、リカバリーをしようとゴールを意識し過ぎるあまり、守備を疎かにしてしまったのである。美濃部監督はその姿勢に納得がいかなかったのだ。

柿谷は〝個〟と〝組織〟の折り合いのつけ方を見つけられずにいたのかもしれない。少年時代はその強烈な個性で組織をねじ伏せていたのに、プロの世界ではそう簡単にいかない。そういう部分を美濃部監督は時に怒り、時に優しく柿谷に説いた。

次第に柿谷のプレーが変わっていく。自陣でスライディングし、守備陣を助ける場面とともに、フリーランニングの回数も増加。個人的には、奔放で人を欺くような天才的プレーが減って少し寂しかったけど。翌年はキャプテンマークを巻くゲームもあり、そしてチームはJ1昇格争いに割って入った。

「今は昇格のことしか考えていない」と当時の柿谷は私に言った。

最終節でファジアーノ岡山に負け、昇格の夢が破れて徳島に戻った選手たちは、最初

2、3人のグループで飲んでいたが、次第に人数が増えて、最終的に選手全員で飲むことになったという。

個と組織のバランスを徳島で学んだ柿谷はセレッソ大阪に復帰し、エース番号の「8」を背負って、ついに日本代表に選ばれた。堂々と前を見据えてインタビューに答える柿谷の姿を徳島で応援していた人たちも、大好きな徳島のうどん屋のおじさんも、そして美濃部さんも目を細めて見ているだろう。

みんな柿谷曜一朗の日本代表での活躍を祈っている。徳島の「13」番を思い出しながら。

（マニアック指数80％）

Jリーグに存在する〝秘密基地〟

――2013年11月19日号掲載

アメリカのネバダ州に「エリア51」という世界で最も有名な秘密基地があるらしい。最近になってCIAもその存在を認めたそうだが、そこにはエイリアンや宇宙人がいる、よくUFOを目撃するなどの噂が絶えないそうだ。

偵察機などアメリカ軍の極秘プロジェクトの試験と開発に用いられる軍事基地であるため、厳重な警戒がなされ、写真やビデオ撮影などもってのほか。

進入禁止の境界線を越えると逮捕されてしまうような、恐ろしい、でも近くで見てみたい場所なのである。

県立カシマサッカースタジアムにも、相手を震え上がらせ、観客が思わず見たくなるエリアがある。鹿島アントラーズ攻撃時の右ペナルティエリアの角付近。「エリア25」。背番号25、遠藤康のホットゾーンだ。

彼がこのゾーンでボールを受けると、ピッチの緊張感とスタンドの期待感が高まる。そして、得意の左足を振り抜くと、ファーポストあたりにボールが吸い込まれていく。左足の前にボールを置いた瞬間は時が止まったかのようで、逮捕されるわけでもないのに、なぜか相手も近づけないし寄せ切れない。

遠藤の身体からビームのようなものが放射され、相手が近づけないという噂がそろそろ出ても良い頃だ。一瞬のプレーでピッチの表情を変える。そんな時空を変化させてしまうようなワンプレーは本当に魅力的だ。

もっと瞬間的なプレーで言うなら、柿谷曜一朗のファーストタッチ。どんな方向からボールが来ようとも、一瞬にして自分の行きたい方向でなおかつ相手が触れないところに、いとも簡単にボールを置く。

「出たー！　必殺トラップ！」と拳を握る感じではなく、「うわーっ」と見ていて力が抜ける感じになる。肛門括約筋が少し弛緩する感じだ（これは私だけか）。ピッチ内のあらゆるベクトルを繊細なボールタッチで変化させてしまう柿谷のファーストタッチはほんの一瞬だ。

齋藤学のドリブルはもちろん魅力的だが、そのスピードをより効果的なものにするための、ドリブルに入る直前の一瞬止まるような間がたまらない。本当に一瞬だ。四分休符というより八分休符。ほんの一拍、いや半拍。そこが息を呑む瞬間。時空を変化させるというよりも、時空を止めてしまう感じに近い。

スタジアムで味わいたいのは、川又堅碁のボールを引き出す動きだ。豪快で迫力ある動きは、サバンナで獲物を追う獣のようで、時空を歪めるようにさえ思える。

あの動き出しだけで、相手に十分脅威を与えるに違いないし、味方もボールを預けたくなる。たとえ、ボールが一度や二度こなくとも、彼はピッチ上で動き出しを繰り返している。ゴールへの執念が獰猛な動きとなって、時空を捻じ曲げる。

ピッチ内で自分のエリアを確保し、相手を寄せ付けず、自分のプレーで時空を変化させる。相手にとっては近づくのも恐ろしいエリアが、観る者にとっては興味津々の秘密基地なのである。

（マニアック指数65％）

11月10日、交錯した それぞれのストーリー

――2013年12月3日号掲載

11月10日、ロアッソ熊本のホーム、うまかな・よかなスタジアム。67分に引退を表明した北嶋秀朗がウーゴに代わってピッチに登場し、珠玉のマッチアップが実現した。北嶋に対したのはアビスパ福岡の古賀正紘。ともに1978年生まれで現在35歳。

市立船橋高と東福岡高という名門高出身のふたりは高校時代からしのぎを削り、柏レイソルと名古屋グランパスで対戦したばかりか、2007年からはともに柏で戦った。

北嶋が日本代表で3試合出場したのに対し、古賀は代表とは縁がなかったが、この年までピッチに立ってプレーできていること自体、代表で活躍しても不思議ではないポテンシャルを彼が秘めていた証しである。

試合後、お互いのチームが握手を交わした後、北嶋と古賀はセンターサークルの中で静かに向かい合った。誰も近づけないようなふたりだけの世界。少し言葉を交わし、引退する北嶋を前に古賀は泣き始めた。男泣き。

言葉は聞こえないけど、これまでサッカーという勝負の世界で戦ってきたふたりの熱

い友情が手に取るように伝わってきた。そしてユニホームを交換し、抱き合った。

北嶋は熊本のゴール裏に挨拶した後、福岡サポーターがいる逆のゴール裏に走り出した。その先には、続投が決まったマリヤン・プシュニク監督への感謝の横断幕の横に、「良きライバル!! キタジおつかれさまでした」と書かれた手書きの横断幕。相手チームのサポーターの心まで掴む北嶋の偉大さを感じた瞬間だった。

手書きの横断幕といえば、7月13日のユアテックスタジアム仙台で出された横断幕はスタジアムをひとつにした。

「私達も忘れない　全ての仲間が故郷を取り戻すまで」

横断幕の主はジュビロ磐田サポーター。試合後、スタジアムの拍手が鳴り止むことはなかった。

そして、11月10日。磐田サポーターはＪ１残留の奇跡を信じてベストアメニティスタジアムに乗り込んだ。誰がどう考えても厳しい勝点差ではあるが、奇跡を信じる権利がサポーターにはある。

だけど、奇跡は起こらなかった。

あまり感情を出さない前田遼一は試合中吠えていたし、安田理大は腕を振り回して「上がれ!」と怒鳴ったが奇跡は起こらなかった。それでも、試合後のゴール裏から磐田コールが止むことはなかった。そんなサポーターの心は、仙台でスタジアム中が共鳴したように、きっと伝わるはずだ。

その一方で、他会場の結果で残留は確定していたが、サガン鳥栖は勝利で残留に花を添えた。スタジアムを歓喜に導いたのは、ここ数年、チームで一番コンスタントに仕事をしている丹羽竜平のＪ１初ゴール。

これまで経営危機に陥り、クラブ存続の危機も経験したことがある鳥栖サポーターは大いに沸いた。そんな彼らの姿を見て、以前、テレビで見た鳥栖サポーターの言葉を思い出した。

「Ｊ１に残留したことが奇跡ではない。クラブがあること自体が奇跡なんだ」

（マニアック指数60％）

お金がすべてではない

——2014年4月1日号掲載

金がすべてというわけではないけれど、金が結果に大きな影響を及ぼすのもまた事実。昨季のアジアチャンピオン・広州恒大も膨大な予算を使い、良い選手や監督を集めて強さを発揮している。

予算があるので、どんなところにお金をかけているかというと、リッピ監督はもちろんのこと、コーチ、外国籍選手それぞれに通訳が用意されているらしい。

もちろん、簡単な会話などはイタリア人とブラジル人でもできるだろう。しかし、込み入った内容や細かいニュアンスを伝えたい時、通訳を介しての話になる。

ただ、その通訳も中国語との通訳なので、リッピ監督がキム・ヨングォンと話す場合、リッピ→通訳（イタリア語と中国語）&通訳（中国語と韓国語）→キム・ヨングォンとかなり面倒臭いことになる。

ブラジル人のムリキと韓国人のキム・ヨングォンが通訳を介して会話し、ちょっと監督に意見を求めようとなった場合、伝えたいことが100パーセント伝わるとは考えにくい。

会話が行き来するたびに、内容が変化してしまいそうで、複雑な伝言ゲームの様相を呈する。

Jリーグでは、今季からテクニカルエリアに入れるのはひとりだけになった。日本人監督の場合、通訳が必要な選手は数少ないので、問題ないと言えば問題ないが、外国人監督の場合は大変だろう。

ピッチ上にいる選手は、監督の言葉が分からない選手のほうが多い。スタジアムで見ていると、パパ出ましょ！　ママ出ましょ！　という感じでいろんな人がベンチから出たり入ったりするとか、第4審判の目を盗んで、通訳が出て行ったり、怪我人が出た時に、ドクターやトレーナーに紛れて通訳が登場したりと、通訳の人もあの手この手を使っている。

とはいえ、Jリーグで活躍する外国籍選手の中には日本語が達者な人も多い。日本で長くプレーするブラジル人や若い韓国人選手は本当に日本語が上手い。公の場では、真意が伝わらない時もあるので母国語で話すことも多いが、プライベートな部分では巧みに日本語を操る。

昨季限りで引退したルーカス（元FC東京）は、番組でFC東京の選手がみんなルーカスをリスペクトしているというような私の発言を聞いてくれて、嬉しかったという感謝の気持ちを日本語で私に伝えてくれた。

ソ・ヨンドク（カターレ富山）に好きな食べ物を訊くと「白エビ」と日本語で答えてくれた。日本人でも「白エビ」という単語をそうそう口にしないぞ！　それに加えて、なんという富山愛！

アレックス（徳島ヴォルティス）は今季の意気込みをキャンプの時に日本語で教えてくれた。「今年、勝負懸けるよ！」。熱い気持ちが伝わったのはもちろん、その日本語を発したこと自体に胸を打たれた。

日本語を覚えようとしてくれる姿勢、そしてその心が素晴らしい。そんな心に甘えてばかりはいられないけれど、そんな彼らの姿勢がJリーグを面白くしてくれているのもまた事実。お金がすべてではない。

（マニアック指数80％）

選手の偉大さが分かる瞬間

――2014年10月14日号掲載

横浜F・マリノスの齋藤学がJ1通算100試合出場を達成し、その記念セレモニーのプレゼンターとして、愛媛FC、そして齋藤の熱烈サポーターの一平くん（カエルのキャラクター）が登場した。

愛媛の〝非公式マスコット〟（どんなキャラ設定なんだよ！）が横浜の行事に登場するなんて、本当に素敵なことだし、齋藤も事あるごとに愛媛への感謝の気持ちを示している。齋藤と愛媛の関係が本当に良い関係なのだと伝わる、温かく微笑ましいセレモニーになった。

応援しているクラブや選手の情報に詳しくても、他チームの選手については知らない人も多い。アルビレックス新潟を応援する、とある女性も他クラブについてはあまり知らなかったが、田中達也が新潟に加入すると聞いた時は嬉しかったという。

オレンジ色のユニホーム姿でピッチを走る田中達也を他の選手同様に応援していた彼女は、とあることで田中達也の偉大さを知ることになる。

埼玉スタジアム2002に乗り込んだアウェーの浦和レッズ戦。新潟の選手がファウルをしようものなら、厳しい言葉やブーイングがピッチに飛んだ。そして、田中達也がファウルした瞬間、メインスタンドで観戦していた彼女は、厳しいブーイングを覚悟していた。しかし、隣に座っていた人が呟いたひと言に驚いたという。

「まっいいか、達也だから」

敵軍に手厳しい人たちから愛され、リスペクトされていることを肌身で感じ、田中達也の功績や偉大さを瞬時に痛感したそうだ。

プレーだけでなく、スタンドの反応からも選手の人となりが見えてくる。南雄太が横浜FCのユニホームを身に纏い、ロアッソ熊本のホームスタジアム、うまかな・よかなスタジアムに姿を現すと大ブーイングに包まれた。そのブーイングは執拗なもので、ボールに触れるたびに異様なぐらいに続いた。

南は熊本に4年間在籍し、12年の九州北部豪雨での被害に胸を痛め、北嶋秀朗（現・熊本コーチ）と水害復興に向けて支援活動を続けている。サポーターからも愛されていた南がブーイングを浴びる光景に違和感を覚えたが、実は移籍が決まった際、自身のブログにこれまでの感謝とともに、「ありったけのブーイングの中で再会できることを心待ちにしています」と記していたのである。

その言葉に応えるとともに、そしてこれまでの感謝の気持ちを込めるように、熊本のサポーターは南に対して最大限のブーイングを送ったのだ。

試合後、ブーイングを送ってくれたサポーターに向かって拍手を送り、一礼した南に対し、「雄太、4年間ありがとう。これから良きライバルとして、ともに上を目指そう」と達筆な文字の長い横断幕が掲げられ、スタジアムは大きな拍手に包まれた。

もうそれだけで、南がどれだけのものを熊本に残してきたかが分かるような瞬間だった。

（マニアック指数65％）

松本山雅に不可欠な選手たち

——2014年11月25日号掲載

「なんか悪い（申し訳ない）でしょ」

11月1日、レベルファイブスタジアムでアビスパ福岡に2対1で勝利した松本山雅FCは、J1自動昇格を決めた。アディショナルタイム、先制点を決めた船山貴之に代わってピッチに入った鐵戸裕史は、申し訳ない気持ちだったという。

地元の定食屋さんも、松本山雅の昇格を祝っていた

選手なら、タイムアップの瞬間にピッチにいたいはず。それなのに、自分がピッチに立っているなんて。在籍6年目。松本の地域リーグ時代を知る男だ。腕には「3」の数字が刻まれたリストバンド。ゴールを決めると、必ずそれを手に持ち、天に掲げる。年下の選手にいじられても、笑顔を絶やさない優しい男は、誰からも愛される。

そんな男だからこそ、ピッチに入る瞬間、申し訳ない気持ちになった。

プロの世界は厳しく、優しさだけでは生きていけない。11人が鐵戸のチームは昇格できないかもしれない。しかし、鐵戸の優しさがなければ松本山雅の昇格もなかっただろう。いつもチームのことだけを想い、働ける選手はそうはいない。「みんな凄い！」。チームメイトをそう言える鐵戸も本当に凄い！　不可欠な選手である。

57分に決まった船山の先制点後、どの選手も感情爆発という感じだったが、71分の山本大貴のゴール後は少し不思議な感じがした。喜ぶ攻撃陣に対し、後ろのほうで5人が並びGKの村山智彦に子どもが生まれたことを静かに祝福するゆりかごパフォーマンス。そしてハーフウェーライン付近では、どちらにも参加せず、ピッチに手をつき、膝をつき、動かなくなった男がいた。田中隼磨である。

胸にこみ上げるものがあったのだろうか？　怪我の状態が良くなかったのだろうか？　なぜ、そうなったのか試合後に尋ねると、意外な答えが返ってきた。

「え？　嘘？　覚えてない」

追加点が決まった瞬間、頭が真っ白になったという。喜怒哀楽を超えた、もうひとつ上のステージに行っていたのだ。様々なものを背負い、戦ってきた者だけが味わうことのできる、極上の、至福の瞬間がピッチを包み込んだ。そして、ピッチ全体に松本の喜怒哀楽が広がる光景には、幸福感が溢れていた。

昨季の最終節、ホームで勝利しながらも得失点差でプレーオフ進出を逃した後、サポーターへの挨拶中に「このスタジアムには、凄い苦労をしてでも僕たちの試合を観ようと車椅子で駆けつけてくれる方もいます。そして、今日は栄村（長野県北部地震で甚大な被害を受けた）の子どもたちも、この試合を観に来てくれています。その人たちにも、少しでも夢と、そして心の拠りどころになるような、そういうクラブになりたいと思っています」と語ったキャプテンの飯田真輝は、昇格決定後、最高の笑顔を見せた。

彼も、松本で鍛えられ強くなった。そして、その強さは松本の人たちを幸せにし、チームとともにさらに強くなっていく。

飯田のチャントはフォルティシモ。〝極めて強く〟だ。

（マニアック指数80％）

〝日本人より日本人らしい〟パウリーニョ

――２０１５年４月23日号掲載

「いいネ。買い物も便利だし、奥さんも喜んでいる」

2月のJリーグプレスカンファレンスで、私の「千葉はどう?」の問いに、流暢な日本語で答えたのは、今季から新天地のジェフユナイテッド市原・千葉でキャプテンマークを巻くパウリーニョ。来日6年目。日常会話なら一切支障はない。

彼はよくこう形容される。「日本人より日本人らしい」。そう言われて、本人が喜んでいるかどうかは分からないが、ナイスガイなのは間違いない。

パウリーニョは栃木SCでJリーグのキャリアをスタートさせた。中盤でボールハントする時の迫力は凄まじく、奪取率も高い。ロックオンした敵から奪い切る能力、そのタイミングも見事で、捕まえに行って空振りに終わるケースは少ない。

そんな彼のプレーが、いや彼のパーソナリティが栃木サポーターの心を掴むまでに、多くの時間を要さなかった。パウリーニョより点を取る選手もいれば、技術に優れた選手もいた。ブラジル人だけど、サーカス的な技を見せつけるわけでもなく、アクロバティックなプレーで魅了するわけでもない。ただ、チームのためにハードワークし、相手に食らい付き、チームに躍動感をもたらす。そんな献身的な姿が、観客の、栃木の人たちの心を掴んだ。

3月21日、3節。栃木県民の歌が歌えるであろうパウリーニョが、千葉のキャプテンとして、栃木のホーム、栃木県グリーンスタジアムに登場。試合後、栃木のキャプテン廣瀬浩二とユニホームを交換し、阪倉裕二監督と握手する彼にスタンドから万雷の拍手が起こった。

ブラジル人だけど、栃木県民ではないけれど、パウリーニョは栃木の誇りであり、郷土のスターなのだ。

「岡山は良いチームだね」。4節、ホームでファジアーノ岡山に1対0と勝利した後、パウリーニョは言った。その日、フクダ電子アリーナでは、パウリーニョの父親がスタンド観戦していた。「お父さん、ラッキーネ」。父親に勝ちゲームを見せられて、心の底から喜んでいた。

試合後に、パウリーニョはスカパー！のJリーグマッチデーハイライトの生中継に出演。早めにスタンバイしたパウリーニョは5分ほどの待ち時間があったにもかかわらず、イライラする素振りもなく、携帯をいじるわけでもなく、ポケットに手を入れるわけでもなく、身体の前で手を組み、姿勢を正して、静かに待っていた。

家族思いで、周囲にも気を配り、謙虚な姿勢を崩さないパウリーニョ。日本人より日本人らしいかどうかはともかく、その生き様は、男として、人として大切な何かを思い出させてくれる。

（マニアック指数70％）

マラドーナと宇佐美貴史に共通する〝舌ペロ〟

――2015年6月25日号掲載

最近の子どもは空間認知の能力が低いという話を聞く。要は、フライをキャッチするのがあまり得意ではないということ。でも、最近ニュースで見た映像はそれどころではなかった。

小学校の体育の時間、野球をすることになった。まず、教える先生があまり野球を知らない。そしてその後、「コントか？」と疑いたくなるシーンが連発する。

子どもたちは上手くボールが投げられない。どう投げられないかというと、右手でボールを持っているのに、左足を軸足にして、右足を前に出そうとする。もちろんボールはまったく飛ばない。

右利きなのに、バットを持つ右手が左手の下にあるので、手が交差してスムーズにバットが振れない。打ったら打ったで三塁に走り出す。

この映像を見て、最近の子どもは……などという気はさらさらないけれど、あまりにも不思議な光景だった。

そして、自分が野球やサッカーとどのように出会い、どのように覚えたかを考えてはみたが思い出せなかった。

さて5月16日、万博記念競技場で行われたガンバ大阪対川崎フロンターレ戦。前半はG大阪が圧倒し、後半は川崎が巻き返して最終的に1対1に終わった。

その一戦で前半終了間際にG大阪の宇佐美貴史がゴールした場面は、彼がサッカーとどう向き合い、そしてサッカーボールとどう触れ合ってきたかが想像できるような興味深いものだった。

自陣でFKを得たG大阪は、岩下敬輔から遠藤保仁を経由して左サイドの藤春廣輝に展開。藤春はハーフウェーラインを越えたあたりから、パトリックを狙って早めに高めのクロスを入れる。パトリックと競った谷口彰悟が頭で触ったボールを阿部浩之が拾いシュート。ボールは角田誠に当たり、そのこぼれを左のペナルティエリア内で宇佐美が拾ってゴールを陥れた。

阿部がシュートを打ち、角田に当たったボールはバウンドし、回転がかかっていた。私たちが子どもの頃、浮いたボールは地面に落ち着かせると教わった。トラップとはボールを止めること。

しかし、宇佐美は右足アウトで面を作り、その回転を殺さぬようにして前に運んだ。足もとに止めようとしていない。パスだ。

自分の未来へパスをしている。そして左足を一閃。シュートも素晴らしいが、その後のゴール裏からのスロー映像でさらに驚かされる。シュートを打つ直前、最高の集中と最高のリラックスが生み出す、あのマラドーナもやっていた〝舌をペロっと出す〟行為をしていたのだ。

宇佐美とサッカーボールとの触れ合いの歴史が分かるようなゴール。それは教えられたものではなく、自ら掴み取ったものだ。

（マニアック指数80％）

殻を破った不器用な男・高木俊幸

――2015年10月8日号掲載

サッカーのもどかしさとはなんぞや？

ビッグセーブ連発で、相手のシュートを完璧に抑えていたのに、ちょろちょろシュートが味方に当たり、コースが変わって入ってしまう。

左足のシュートが得意なのに、肝心なところで、トラップしたボールが右足の前に行ってしまう。

良い動きをして、完璧に相手の裏を取ったのが、チーム内でもシュートを苦手とする選手だったり……。

もどかしい。そして、そのもどかしさが表面張力ぎりぎり一杯になっていたのが、浦和レッズの高木俊幸である。

ドリブルが巧みだ。キックも多彩。ただ、ゴールが決まらない。バーに当たる。ＰＫも決まらない。とにかくもどかしい。しかし、サポーターは知っている。大原の練習場で、良い動きをしていることを。練習試合でゴールしまくり、大原の得点王であることを。だから、余計にもどかしい。

試合中、そのチームの雰囲気やヒエラルキーを感じ取れる場面のひとつが選手交代だ。選手は個人事業主。チームを勝利に導く交代かどうか？　誰がピッチに入って来るかで、選手たちの表情が微妙に変わる。

しかし、今季ノーゴールの高木がピッチに入る時、浦和の選手たちはポジティブな表情をしていた。練習見学に行かなくとも、このシーンだけで練習でいかに結果を残し、他の選手から高木が信頼されているかが読み取れた。だから、セットプレーのキッカーも任される。

周りから期待される。そして、期待に応えられず、高木は試合後ピッチで涙を流してしまう時もあった。

プロらしくない、男らしくない。そう言う人もいるだろう。声もそれほど大きくないし、さほど社交的でもない。ただ、そんな不器用さこそ、実は彼の最大の魅力である。普段の大人しさからは考えられないような、迫力のある無回転ＦＫ。スピードに溢れた鋭いドリブル。思いの丈をピッチで存分に表現し続けるのだ。

濃いキャラクターの多い浦和の中で、少し薄めのキャラ。自分の想いを愚直にサッカーで表現しながらも、肝心のゴールが遠い――。そうしたもどかしさが、みんなの感情移入を徐々に促し始めていた。ゴールが生まれない間の時間が、逆に彼を真のプロ選手にしたのである。

9月11日の柏レイソル戦。ホームで彼はようやくゴールを決めた。0対0の均衡を破る決勝弾。スタジアムの歓喜は爆発した。究極のもどかしさから解放された瞬間である。もう、そんなもどかしさとは無縁になるだろう。

不器用だけれど、練習後、スパイクを自分で磨く誠実な男でもある。

（マニアック指数70％）

愛される男・津田知宏の無我夢中のゴール

――2016年11月24日号掲載

9月9日、震災の影響で未開催だったJ2・9節のロアッソ熊本対横浜FCの選手入場シーン。熊本の最後尾を歩く片山奨典の左手には男の子の右手。右腕で小さな子どもを抱き、右の足もとにいる娘さんは、片山のユニホームの裾を左手で引っ張っている。そして、その娘さんの右手には横浜FCの最後尾を歩く津田知宏の左手がしっかりと握られていた。

片山と津田。年齢の違うふたりだが、一時期（2006～8年）を名古屋グランパスで過ごし、苦楽をともにした。クラブを離れても良好な関係が続いているのは、津田と手をつなぐ片山の娘さんの表情を見れば一目瞭然だ。

津田は明るく、周りに気を遣える男である。ただ、今季は12節・徳島ヴォルティス戦以来、ゴールから遠ざかっており、悶々としていたに違いない。

10月23日、ニッパツ三ツ沢球技場。37節・ザスパクサツ群馬戦で横浜FCは3バックでスタート。津田は1トップ＋2シャドーの右のシャドーの位置で先発した。いつもより守備の仕事は増えたが、献身的にプレー。後半は2トップの一角に入った。試合は2対2で推移し、60分にファウルでゲームが少し止まった。津田はポジションに戻りながら、その視線をベンチに移した。三浦知良が交代の準備をしている。津田は自分が代えられることを理解していた。その後、ボールはゴールラインを割る。

しかし、交代は行われなかった。一度は群馬に渡ったボールを横浜FCが奪い返し、クリアがイバに収まる。そして、右サイドの小野瀬康介にボールが出た。一目散にニアに走り込む津田。だが、小野瀬のクロスはファーサイドへ。それでも、ファーサイドに走り込んでいた野村直輝の頭での折り返しが、津田の足もとに入った。トラップ——しかし、その後のことを本人は「覚えていない。無我夢中だった」と言う。

ペナルティエリア内で思い切り振り抜いた左足から放たれたボールは、ゴールネットを揺らした。そのまま倒れ込んだ津田に選手たちが集まる。もう、足が痙攣して動けなかった。「これまでは考えすぎていたのかもしれない」。試合後、久々のゴールと無我夢中のプレーを振り返った。

本能のままにシュートを打った津田。常に周りの人間を大事にする男が、みんなに祝福されていた。

（マニアック指数90％）

〝気遣いの人〟イチくんの引退試合

――2018年2月8日号掲載

キックオフは13時だったが、私が現地に着いた9時にはすでに多くの人の姿があり、参加者たちの熱い想いを感じ取れた。

1月8日、市川大祐引退試合。約1年前に現役生活に別れを告げていた市川のラストゲームは、清水エスパルスOB・現役による「エスパルスオールスターズ」と、フランス&日韓の両ワールドカップに出場した選手を中心とする「ジャパンオールスターズ」の対戦カードとなった。監督は前者がオズワルド・アルディレス、後者が岡田武史、そして審判は岡田正義。メンバーも豪華で、清水側には清水東三羽烏《さんばがらす》（長谷川健太、堀池巧、大榎克己）に澤登正朗、三都主アレサンドロ、代表チーム側にも中山雅史、名波浩、川口能活、井原正巳などビッグネームがずらり。これだけの顔ぶれが集まったのも、市川の人柄、これまでの仕事ぶりの素晴らしさゆえだろう。

清水駅からIAIスタジアム日本平に向かうシャトルバスの行先には、「市川大祐選手　今までありがとう」と表示されていた。『となりのトトロ』でネコバスの行先が変わった瞬間以来の感動。彼が清水の人たちにどれだけ愛されてきたかは、この日の温かく微笑ましいスタジアムの雰囲気からも十分に伝わってきた。

17歳322日という日本代表の最年少出場記録保持者であり、日韓大会のチュニジア戦ではアシストもマークした市川だが、スター然としたところはまるでない。気遣いのできる人で、食事に行こうという話になった時も、わざわざ静岡の駅まで車で迎えに来てくれた。他人の悪口など聞いたことがない。

ベクトルを己に向け、全体練習後もプールで丹念に身体をケアするなど24時間365日をサッカーに捧げた。「尊敬する選手」に市川の名前を挙げる者が少なくないのは、彼のサッカーと向き合う真摯な姿勢を知るからだろう。

今回、エスパルスオールスターズにユース出身で現役の北川航也や犬飼智也（今オフに鹿島アントラーズへ移籍）を加えたのは、清水のサッカーを未来へと紡いでいきたいとの想いからだ。自分のことよりも周囲への配慮。そんな彼へ、参加者たちは労いの言葉とともに感謝の言葉も忘れなかった。

自宅にお邪魔したこともあるし、移籍の際には電話で長話もした私からは、最後にいつもの呼び方で——。

「イチくん、お疲れさまでした」


（マニアック指数80％）

プロの資質・仕事・生き様

――2018年5月24日号掲載

2016年のルヴァンカップ決勝は、浦和レッズがPK戦の末にガンバ大阪を下し、13年ぶりに頂点に立った。試合後のミックスゾーンで駒井善成と話していると、奥のほうで無数のフラッシュが焚かれ、そこに多くの記者が群がった。輪の中心にいたのは李忠成。76分に投入されると、ファーストプレーで値千金の同点ヘッドを叩き込んだ、大会MVPだ。そんな李を見ながら駒井が、「プロやなぁ～」と呟いたのを覚えている。

注目を集める大一番で、決定的な仕事をやってのけた李。実力もさることながら、それを発揮する運も持ち合わせていたのだろう。もちろん駒井もきっちりと自分の仕事は果たしたが、李の活躍を見て「プロとは何か?」ということを改めて感じていたのかもしれない。

昨年末、V・ファーレン長崎の高木琢也監督に「外国籍選手を獲得する際の基準」を聞いた。テクニックか、フィジカルか。しかし、高木監督がチェックするポイントは、「チームがうまくいっていない時、例えば退場者を出して10人になった時などに、どう振る舞えるか」だった。

チームが苦しい時に、チームのためにどこまで献身的に働けるか。これもまた、プロに求められる大切な資質に違いない。

4月28日のベガルタ仙台対北海道コンサドーレ札幌。1対1で迎えた61分、ゴール前で宮吉拓実のパスを受けた札幌のチャナティップは、フリーだったにもかかわらずシュートを打たず、都倉賢にパスを出した。これが仙台DFにクリアされると、浦和から今季加入した駒井が、チャナティップに詰め寄る。「なぜ打たないんだ⁉ お前がヒーローになれば、周りの苦労も報われるんだぞ！」とでも言っているようだった。

その後、退場者を出して10人になった札幌だが、78分に左サイドを崩した駒井からのラストパスを、今度こそチャナティップが躊躇せず打って、勝ち越しに成功。力強く抱き合ったふたりの姿が、プロの仕事をやり遂げたその表情が、印象的だった。

チームが苦しい時に先頭に立って戦った駒井、失敗を糧にしてゴールを決めたチャナティップ、さらに言えば、その後、終了間際にしぶとく同点弾を沈めた仙台の大岩一貴と、この試合ではたくさんの〝プロとしての生き様〟を見ることができた。

（マニアック指数85％）

川口、森﨑和、兵働、梶山…ピッチを去る選手たちへ

――2018年12月13日号掲載

「僕はどちらかというとボケてるタイプ。いじられて力を発揮できる」

若い頃のイメージからすると、想像もできないようなことを優しい口調で語ったのは、今季限りでの現役引退を表明した川口能活。昨年、Jリーグ公式サイト内の『ひらチャンねる』でインタビューした時、SC相模原のこと、ワールドカップやアジアカップでの経験談などを穏やかに話してくれたことを思い出す。

身長は180センチとGKとしては小柄なほうだが、その存在感は絶大。魂のセービングで、これまで多くの人に感動を与えてきた。〝マイアミの奇跡〟の立役者となり、日本が初出場したフランス・ワールドカップでも守護神を務めた川口は、日本人GKとして初めて欧州移籍を果たしただけでなく、J2、J3と様々なカテゴリーを経験。話を聞けば聞くほどもっと聞きたくなるし、時間がいくらあっても足りなかった。

同じく森﨑和幸も今季限りでの引退を発表。サンフレッチェ広島一筋の生え抜きは、いつも苦しい時間帯に絶妙のポジショニングでパスを引き出し、事もなげにボールを動

かしてみせた。目立ちはしないが、広島に欠かせない選手。スタンドで見ている我々より、ピッチで一緒にプレーをした選手たちのほうが何倍もその凄さを感じているだろう。

今季、ヴァンフォーレ甲府から、プロ生活をスタートさせた清水エスパルスに復帰し、その古巣で選手生活にピリオドを打つのが兵働昭弘。ピッチ上に変化を生む〝曲線的なパス〟で観衆を魅了したが、なによりも楽しそうな表情でプレーする彼を見ていると、それだけでこちらも楽しくなった。

FC東京の梶山陽平もスパイクを脱ぐ。背筋をピンと伸ばしたドリブルからのスルーパスが代名詞だったが、きっと彼にしか見えないパスコースやスペースがあったに違いない。まだ33歳。万全な状態の背番号10のプレーをもっと見たかった。

J3では、福島ユナイテッドFCの鴨志田誉が引退を表明している。真面目さがプレーから滲み出ているような選手で、栃木SC時代からユニホームの裾はしっかりとパンツの中にイン。最後まで諦めずにボールを追いかける姿勢が、多くのサポーターに支持された。

ピッチを去る選手たち。けれどその姿が記憶から消えることはない。


（マニアック指数65％）

第7章 蹴球妄想喜怒哀楽

結果言わんといて!!

平畠啓史
Jリーグ
54クラブ巡礼

夢のサッカーフェスティバル

——書き下ろし

夏になると、多くのミュージシャンが集まり、たくさんの人を楽しませる夏フェスが日本各地で行われる。好きなミュージシャンの音楽を楽しむのはもちろんだが、ジャンルを問わず、音楽を楽しみ、音楽に身を委ねる。興味がなければ聞かなくたって構わないし、そこで興味が湧いて好きになったりもする。

そこそこ齢を重ね、夏フェスに身を投じる勇気も体力もないけれど、そんな自由な音楽の楽しみ方が羨ましくもある。

サッカーも一日ぐらいは、そんな感じでたくさんの試合をひとつの会場で開催して楽しむような、サッカーフェスティバル、略してサカフェスができないものかと考えてみたりもする。

軽井沢のような少し涼しそうな場所で、下のカテゴリーから試合を行い、メインイベントでトップチームの試合が行われてもいいし、J3、J2、J1と1試合ずつゲームが行われてもいい。

合間に、レジェンドマッチやサッカークリニック、そしてマスコット運動会。スタジアムの外では、全国のスタジアムグルメが軒を連ね、地ビールが飲めたりしたら最高だ。夏のJリーグ祭り。大会委員長に立候補します。

ルヴァン杯が最初からトーナメントで、J1、J2、J3すべてのクラブが参戦するのも見てみたい。開催するのは下のカテゴリーのスタジアム。

ヴァンラーレ八戸対浦和レッズ＠ダイハツスタジアム。面白そうじゃないか！

いわてグルージャ盛岡対ベガルタ仙台＠いわぎんスタジアム。東北対決もいいじゃないか！

Jリーグに加入したことを本当に実感できるし、地元の方たちも絶対に喜んでくれる。これはそれほどハードルが高くないような気もするけれど。

最近行われなくなったが、かつてはオールスターが結構楽しみだった。そして、私がずっと前から妄想し続けているのがJ2オールスター。これを見たい人は相当数いるはずだ。だからと言って、あまり大きなスタジアムで開催すると、良い感じのJ2感が薄れてしまうので、小ぶりのスタジアムでひっそりとやると、さらに良い雰囲気が生まれそうだ。

そして、一番見てみたいのは、J1オールスター、右利き選抜対左利き選抜。これは絶対に面白い。私がこの試合に懸ける思いはかなりのもので、かつて脳内で開催しようと決め、選手選考していたが、新井場徹が右利きか左利きかが自分の中ではっきりせず、ガンバ大阪に電話をし、確認を行った（ガンバ大阪の皆さん、しょうもない電話をしてすみません）。

左利き選抜は想像するだけで楽しいが、実際にはきっと想像を超えるようなプレーが披露されると思う。ピッチで行われる現実のサッカーが楽しいのは言うまでもないが、妄想サッカーもかなり面白い。

（マニアック指数93％）

Siriにサッカーの未来を尋ねてみた

——2018年6月14・28日号掲載

パソコン、スマホ、タブレットの類いには本当に疎い。訳の分からぬ表示が出るのが怖くて、余計なところを触る気にもなれない。

そんな私にある番組スタッフが、「シリというのがありまして……」と教えてくれた。しり？　尻？　下ネタ？　「いえいえ、Ｓｉｒｉです。音声を入力すると質問に答えてくれるスマホの機能ですよ」。なんか、それっぽいＣＭを見たことあるぞ。

ならば「近所のラーメン屋！」。出た～！　画面にお店の名前が表示された。

「天才やな～」と呟くと、「そう思ってくださってありがとうございます」と返してくる。

世の中の人は当たり前に使いこなしているんだろうけど、私にとっては革命的だ。

「清水エスパルス」と話しかけたら、次節の対戦カードを教えてくれる。

実にありがたい。これからはＡＩの時代。ＮＨＫは「ロボット実況」なるものを開発したけど、これなら臨時ニュースがあっても仮眠中のアナウンサーを叩き起こさなくていいし、それこそ原稿を読み間違える心配もない。スポーツ中継にも実用できることは、平昌オリンピックで証明されている。

ＡＩの活用は、人手不足の解消という目的もある。

もしかしたら、いつかサッカー界も人手が足りなくなって、アメリカで開発されているように、人間とそっくりの動きをするロボットがプレーするようになるんだろうか。ロボットは３人（３体？）までＯＫみたいなルールができたりして。

それから、グアルディオラやモウリーニョ監修の戦術・戦略アプリが発売されて、選手のデータを打ち込むと、採用すべきシステムや選手交代のタイミングを教えてくれるようになるかもしれないし、誰も文句が言えないようにレフェリーロボットが開発されるかもしれない。そして、応援が劣勢の時は、少し大きな声でチャントを歌うサポーターロボットが登場――。こうなると、一体誰のために、なんのためにサッカーをやっているのか分からなくなる。

未来が不安になったので、恐る恐るＳｉｒｉにこんな質問をしてみた。

「サッカーの未来は？」。夢も希望もないような答えが返ってきたらどうしよう。けれど彼女は平板な声でこう言った。

「第15週のＪリーグの試合予定はこちらです」

少し、ほっとした。


（マニアック指数75％）

「気づけば脱いでいた」。それが答えだ！

――2012年5月15日号掲載

なんとも言えない興奮と、世の中を混乱に陥れてしまうかもしれないという少しの不安を、私は抱えていた。エジソンやグラハム・ベルの心境に近い。サッカーバカゆえに、見るだけでは満足できず、時にプラティニ会長が怒りそうな〝サッカー発明〟をしてしまうのだ。

今回、私が発明したのは、誰も傷つけず、平和的で、なんの準備もなく簡単にイエローカードをもらう方法。大切な試合に備えて、出場停止になる方法だ。

ゴール後、喜びの表現として、ユニホームを脱いでイエローカードを受ける選手がいる。これってゴールした選手だけの〝特権〟なのか？　ここに発想のヒントを得て、ゴールが決まった瞬間、ゴールを決めてもいない選手がユニホームを脱いでイエローをもらうことを思いついた。これなら、相手を傷つけることもなく、無駄に時間を浪費することもなく、イエローカードをもらうことができる。

いいじゃないか！　ゴールを決めていない選手が脱いだって！　この考えをもう脳内

に留めておくことができない。そして私は、この考えをある仕事で一緒になった審判関係の人にぶつけてみた。「サッカー界が混乱するので口外するな」と口止め料がもらえるのか？　きっと開いた口が塞がらないぞ！　そう思っていたら、返答は「それ、1試合の出場停止では済まされないですから」。で、ですよね。けんもほろろに返されてしまった。

「どうして脱ぐんですか？」

別の場で女性にその話をすると、そう返されてしまった。彼女の言い分はこうだ。ゴールを決めたら嬉しいのは理解できる。しかし、嬉しいから服を脱ぐという行為が分からないと言う。十円玉を見つけて服を脱ぐのか？　合格発表で受験番号を見つけた高校生が脱ぐのか？　満塁ホームランを打ってもおかわり君は脱がない！　確かに言われてみればそうだ。

うれションは聞いたことがあるけど、うれ脱ぎは聞いたことがない。女子の意見は時に尊い。しかし、しかしだよ、ゴールを決めた喜びでメッシがおしっこしながらゴール裏を走るとこなんて見たくないでしょ！　私から言わせれば、サッカー選手のいい脱ぎっぷりを見てないから、そんなことを言ってしまうんだ！

ゴールした選手は、鍛え抜かれた肉体や山盛りのタトゥーなどを、これみよがしに見せない方がいい（身体を見せたいだけでしょ、となってしまう）。ゴールで客を酔わせ、客の歓喜が選手を脱がせるような、選手の意志というよりも思わず脱いでしまった、うれションに近い感覚。今シーズン最高の脱ぎっぷりは、チェルシー戦でゴールを決めたマンチェスター・シティのナスリだ。

歓喜に包まれるサポーターの前を、ユニホームを大きく振り回して走るナスリは、まるで呪縛から解き放たれ、自由を謳歌する少年のようだった。

「どうして脱ぐんですか？」の答えは「気づけば脱いでました」です！

（マニアック指数50％）

「結果知れ知れ団」との熾烈な戦い

——2013年4月16日号掲載

試合結果を分かっているかどうかはともかく、サッカーは見る。ただ、できることなら結果は知らずに見たい。

こんなアホな私を受け入れてくれる優しい周囲の人たちは、その類いの話をする時、枕詞として「結果を言ってもいいですか？」と聞いてくれる。いつも、本当にありがとう。枕詞を付けてはくれないが、距離の近い人が結果を話そうとしたら、「結果は言わないで！」と懇願する。

しかし、そんなことを言える相手のほうが少ない。大概の人たちは、サッカー好きの私に結果を教えてあげようと優しい気持ちで、「ガンバ引き分けたね」「鳥取負けないね」などと情報を与えてくれる。みんな優しい。しかし他人の優しさを受け入れられないちっぽけな男なのです、私は。笑顔で「ほんとですか！」と言いながら、はらわた煮えくり返っている。結果を言うんじゃねーよ！

こうなると、スタジアム観戦の日は戦い。いかに他会場の結果を耳に入れずして、家で録画している試合にまで辿り着くか。「結果知れ知れ団」と戦う私は、安っぽいロールプレイングゲームの主人公と化す。記者席で試合観戦もするが、記者の方たちはパソコンを開いていることが多い。仕事だから当然だ。しかし、その中に他会場の結果をパソコンの画面に表示している記者もいる。「結果知れ知れ団」のしもべたちだ。見てはいけないと思えば思うほど見てしまう人間の性。薄っすらとでも見えてしまった場合は、前節の結果だと自分をごまかす。

ハーフタイムはスタジアムに他会場の経過、結果が伝えられることがある。もちろん、ビジョンから目を逸らす。耳の穴を指で塞ぎ、指を動かし自分だけ雑音を作る。それでも、耳に侵入を図ろうとする場内アナウンス。そんな時は、頭蓋骨内に自分の低温の声を響かせるイメージで「うーん」と唸る。外部の音を断固として遮断。「結果知れ知れ団」の聴覚への攻撃も凄まじい。

試合後、記者の方たちが作業する部屋には、他会場の結果が書かれたホワイトボードが置かれている。大体のスタジアムのボード設置場所は、もちろん頭に入っている。その前を通らないか、もしくはボード

マンションの郵便受けの上にあるモニターに、なんと速報ニュースが！

には見向きもしない。うかつに携帯電話も見ない。ニュース画面で結果が表示されることがある。新幹線の車両入り口上部の文字が流れる電光掲示も要注意。同じニュースを2回繰り返すことも多い。死闘の末、無事帰宅できた時は、なんとも言えない達成感がある。

「結果知れ知れ団」に勝ったぞ！

1試合を見て、次の試合を見る前に近所のミニストップでホットコーヒーを買うのが恒例行事。玄関を出た。しかし、そこで私は膝から崩れ落ちた。マンションの自動ドアから外に出る時、郵便受け上部に設置された、速報ニュースが表示されるモニターを見てしまった。そこには、その日の試合の羅列。恐るべし「結果知れ知れ団」。戦いは続く——。

（マニアック指数90％）

「サッカーから音楽と出会う」パターン

――２０１４年９月２日号掲載

音楽が好きだし、上手くないけど歌うのも好きだ。車を運転しながら大熱唱するあまり、鹿島や水戸、甲府に到着すると声が嗄れている。

しかし、いつしかカラオケにはまったくと言っていいほど行かなくなった。付き合いで行く時はあるが、それほど楽しいとも思えないし、自分の意思で行くことはまずあり得ない。

とはいえ、お酒を飲み始めた頃は、まず安い居酒屋で飲み、その後のカラオケが定番パターン。

一軒目終盤の〝次行くか行かないか〟の腹の探り合い、まどろっこしい時間は皆無。誰が号令をかけるわけでもなく、自然の流れでカラオケに行き、時間を延長しまくり、朝方になる日も珍しくなかった。

なんの疑いもなく楽しかった。そして、これからの人生においても、このパターンは未来永劫続く楽しいパターンのひとつだと思っていた。

ところが、理由は不明だが、いつの間にかカラオケに興味がなくなり、行かなくなった。マッサージに行った時、密かにカラオケ嫌いになるツボを押されたのか、商店街を歩いてぶつかった時にカラオケのツボがオフになったのか。なぜか分からないが、カラオケに興味がなくなった。でも、歌や音楽は好きだ。そして、そのツボはまだオン状態にあるようだ。

先日、テレビ画面には高校野球、佐賀北対利府戦が流れていたが、ほとんど観るわけでもなく、寝そべりながらサッカー雑誌をめくるという堕落した時間を過ごしていた。脳の奥のほうで、佐賀北対利府戦ということはサガン鳥栖対ベガルタ仙台戦か、などと訳の分からぬことを考えていたが、気付くと私は歌っていた。

ブラスバンド部が演奏する音楽に誘われ、松本山雅FCサポーターが歌うチャントをいつしか歌っていたのだ。

ここで、音楽事情の疎さを露呈。原曲を知らないがゆえ、この歌は松本（大分も）のチャントだと思い込んでいた。だから、甲子園からこのメロディが聞こえてきた時、少し歌って気持ち良くなった後、途轍もない違和感に襲われた。

調べると、原曲はBRAHMANというバンドのSEE OFFという曲。それほど新しい曲というわけではなかった。そんなことも知らないのかと、自分がおじさんであることを再認識。ならば、失われた過去を取り返そうと原曲を聞いてみた。これが、かっこよかった。

ハードなメロディも美しく、リズムは小気味良い。そして、甲子園のブラスバンド部はメロディの美しさを、松本のチャントはリズムの小気味良さを、見事にフューチャーしている（松本のリズム隊は素晴らしい）。なおかつ、ベースのＭＡＫＯＴＯさんとドラムのＲＯＮＺＩさんは松本出身らしい。深いなー。

こういう、サッカーからの音楽との出会いは未来永劫続けたい楽しいパターン。ＢＲＡＨＭＡＮをカラオケで歌うことはないけれど、明日、ＣＤを買いに行こう。

（マニアック指数85％）

大活躍するスプレーたち

——2014年9月30日号掲載

ようやくJリーグでも審判無線システム、審判コミュニケーションシステムが導入された。ならば魔法のスプレー、バニシングスプレーでしょ！　人間の心理を巧みに突いたスプレー。

できるだけキッカーとの距離を縮めようと壁に入った選手はじわじわ前に進む。あの人間的なせこい感じ、いや勝利への執念は嫌いではないが、そんな想いも魔法のスプレーでピッチに直線を描けば、あら不思議。足が動かなくなってしまうのである。

別にその線を越えたとて警察に捕まるわけでもないのに、あの一本線の効果は絶大だ。しかし、このスプレーの存在により、FK関連の諸問題が解決されたなんて安堵するなよ、世界の審判たちよ！

世の中のルールなんて所詮いたちごっこ。スパイクの先端部分が白く塗られたシューズが開発され、壁全体が一斉に動くと、スプレーで描かれたラインをあたかも越えていないように見えるというバニシングスプレー対策スパイクを、資金と時間に余裕のあるスポーツメーカーが開発しないとも限らない。

それにしても、凄いスプレーを開発したものだ。選手だけでなく、観客からも分かりやすくラインを明確にし、なおかつ少し時間が経てば消えてしまう。まさに、魔法のスプレー。誰が開発し、原材料はなんなのか？　気になることは多いが、現在品薄状態でなかなか手に入らないらしい。そんな人気のスプレーがJリーグに登場する日も遠くはないだろう。

不思議なスプレーと言えば、コールドスプレーもそのひとつ。

接触した選手が苦悶の表情を浮かべ、もがき苦しみ、担架に乗せられピッチの外へ。これはもう無理だ、選手交代だと誰もが思った時、ドクターが痛めた患部に向けて激しく噴射すれば、あら不思議。先ほどまで歩くことさえ無理に見えた選手が、ジョギングを始め、気が付くと何事もなかったかのように、ピッチを走り始めているではないか！

痛みの程度は本人にしか分からない。ゆえに、どれだけ痛みがやわらいだかを知るのは本人のみ。しかし、その後の動きを見る限り、このコールドスプレーの効果で痛みから少しでも解放されたように見える。これまた、摩訶不思議なスプレーのひとつだ。

と、不思議なスプレーがサッカー界に存在するが、現在のJリーグにおいて重要なスプレーがある。それは、虫除けスプレーだ。

ネッタイシマカ、ヒトスジシマカによって媒介されるデングウイルスの感染症があちこちで出ている。そして、水分を含んだ芝生が敷き詰められたサッカー場は、蚊が生息するにはうってつけの場所。蚊に刺されなくても痒いことは多々ある。乾燥肌や不摂生が生み出す痒みの類いも多い。

ただ、スタジアムで痒みを感じた時の不安感と言ったらこの上ない。せっかくの楽しいゲームに集中できない。敵は小さいので、気を付けようにも限界があるけれど、観戦の時はできるだけ気を付けていただきたい。

（マニアック指数70％）

BOX!

――2013年9月10日号掲載

レフェリーの行動、ジェスチャーは見ていて楽しい。担架を要請するポーズ。シミュレーションを表す身ぶり。ボールへのアタックをイメージさせる空中に球体を描く仕草。ここに、もうひとつ増やしてほしいポーズがある。

広げた両手を交差させながら、こう言うのだ。「BOX!」（ボクシングの試合で「打ち合いをしよう」というジェスチャー）。

ガードを固めるのはいいけれど、もう少しパンチを打ってほしいと思うことがある。統率されたラインディフェンス。最終ラインと中盤で築かれた守備ブロック。

初めてのデートで彼女とサッカー観戦に行き、「サッカーって面白いでしょ？」とは言いづらい。応援しているチームが負けるのは見たくないけど、判定勝ちよりKO勝ちが見たい。できれば、ボコボコにやっつけてほしい。

だけど、サッカーのレフェリーは「BOX!」とは言わない（一度試しに西村雄一氏に言ってもらいたいけど）。

では誰が言うべきなのか。監督？　選手？　それとも観客？

8月4日、レベルファイブスタジアムで行われたJ2、アビスパ福岡対東京ヴェルディ戦は壮絶な試合になった。3バックの東京Vは、パンチを打つか、ガードを固めるかがはっきりせず、中途半端な感じだった。そこを福岡は突いた。足を使って、小気味良くジャブを繰り出す。相手にパンチを出させず、ガードもさせない。東京Vのサッカーは窮屈になり、福岡は2点のリードを奪った。

ところが、後半に入ると流れが一転する。誰かが東京Vに「BOX!」と言ったのか、4バックにしてガードを下げた。右から森勇介が、左から石神直哉がパンチを打ちまくる。中央から飯尾一慶がジャブを、常盤聡がスピードあるストレートを放つ。もちろんガードを下げれば、相手にパンチを打たれる。しかし、東京Vの強烈なパンチの影響で、福岡のパンチの威力は弱まり、ガードも下がった。

気付くと福岡の足が止まっていた。60分に飯尾のゴールで1点を返して、90分には森が矢のようなシュートを放ち同点に追いつく。ピッチ上の選手たちは、疲労の極限に近づいている。

それでもスタジアムは騒然とし、「BOX!」が充満していた。そして90＋4分、東京Vの中島翔哉のゴールが決まった時、福岡の選手たちに自陣に戻る体力は残されていなかった。

ピッチから放たれる圧倒的なパワーは、見ている側の気持ちを引き込み、疲労困憊させるほど強烈。試合中、古巣サポーターから強烈なブーイングを浴び続けた鈴木惇は、試合後に東京Vのサポーターに向かって、「エイドリアーン！」と叫ばんばかりに何度も何度も力強く胸のエンブレムを叩き、自らに「ＢＯＸ！」と言える男であることを証明した。

レフェリーは「ＢＯＸ！」とは言わない。サッカーの「ＢＯＸ！」は、その日スタジアムにいる人たちの心の中にある。

（マニアック指数75％）

青色LEDに匹敵する日本独自のサッカーを

――2015年1月22日号掲載

今年の幕開けは、天皇杯ではなく皇后杯決勝。日テレ・ベレーザが浦和レッズレディースを1対0で破り、優勝を果たした。

なでしこリーグ1位と2位の対決に相応しい拮抗したゲームとなったが、それにしても日テレのゲーム運びは見事。岩清水梓が最終ラインをまとめ、阪口夢穂と原菜摘子の卓越した技術が中盤を安定させ、若い攻撃陣も臆せずに相手ゴールへと迫り続けた。ゴールを決めた田中美南は20歳。籾木結花と隅田凛は18歳。そして、長谷川唯は17歳である（恵子とか良子のような分かりやすい名前にしてもらえると、おじさんは助かるんですけど）。

特に、トップ下に入った籾木は151センチながら、密集をものともせず、ドリブルで浦和守備陣を翻弄。ボールの持ち方、相手との角度の付け方、そしてディフェンダーの懐、いや膝下に潜り込む様子は、まるでメッシだった。逞しいプレーぶりで攻撃を引っ張り、相手の反撃を受けた時には自陣深くまで戻って守備もこなし、経験豊富なお姉さんたちを攻守両面で凌駕した。

18歳とは思えないプレーぶりが印象的で、元日から良いゲーム、良いプレーを観られた。

そんな皇后杯決勝に限らず、年末年始はテレビを観ては餅を食うという怠惰丸出しの日々を送っていた。

14年を振り返る番組も多かったが、グループリーグで敗退したワールドカップの日本代表にはあまり触れてもらえず、号泣議員とゴーストライターの話ばかり。

いろいろあった1年だったけど、明るいニュースと言えば、3人の日本人研究者のノーベル物理学賞受賞。日本人として本当に誇らしいニュースだった。

そんなニュースを見るたびに思うことがある。ノーベル賞を受賞するほど頭の良い日本人がいる。そして、地道な研究を続ける根気強さもある。そんな日本人の知恵を結集し、熱心に根気強く取り組めば、世界をあっと言わせるような日本独自の戦術やシステムを〝発明〟できるのではないか？

その道のりは困難に違いない。

世界中で研究され、淘汰され、現代サッカーに進化してきた。

だけど、無理と言われて諦めていたら青色ＬＥＤの発明もなかった。電力供給の乏しい戦後、本も読めないような暗い部屋で赤﨑勇教授は灯を強く欲したという。そんな想いがきっかけとなり、今や世界中を青色ＬＥＤが照らしているのである。
いつの日か、世界があっと驚くような、日本オリジナルのサッカーが生まれ、日本サッカーの青い灯が世界のピッチを明るく照らすような日が来ることを、年明け早々、ぬるい頭で夢見ている。

（マニアック指数60％）

ＧＰＳ機能付きブラジャーの限界

――２０１７年９月28日号掲載

あるＤＦが言った。「味方がゴールを決めたら、喜びの輪に加わるために、僕はどんなに遠くてもその選手のもとに走って行くんです」。

感心した。サッカーはチームスポーツだ。ゴールを生むために、勝つために日々練習しているのだから、歓喜の瞬間はみんなで分かち合うべきである。なにより私は、選手が喜ぶのはサポーターのためだと思っている。たとえそれほど嬉しくなくても、派手なゴールパフォーマンスをする気分じゃなくても、プロである限り喜びを表現するべきなのだ。

しかし――。そのＤＦが喜びの輪に加わる理由は別のところにあった。

「走行距離が増えるんですよ」

騙された。ピッチの上も、今や管理社会。ＧＰＳ機能付きチップが埋め込まれたブラジャー的なものを装着した選手は、試合ごとに走行距離やスプリント回数などのデータを収集・管理され、それを基に練習の負荷を決められたりするそうだ。歓喜の輪に加わるためのダッシュは、管理社会へのささやかな反抗とも言える（せこい感じは否めないが）。

走るのは目的ではなく勝つための手段であり、走らなくても勝てるなら、それに越したことはない。現実的にはそういうわけにもいかないのだが、清水エスパルスの小林伸二監督は以前、こんな興味深い話をしてくれた。

「走れと言ったら、みんな真面目だから全力で走る。確かに走らなければいけないが、サッカーには全力で走ってはいけない時もある」

この言葉には、サッカーの奥深さが詰まっている。いつ、どこで、どの程度のスピードで、どれくらいの距離を走るか？　味方に合わせて30パーセントの力で走ることも、敵を欺くために10パーセントの力で走る、あるいは止まることも必要だ。そんな機微を、あのブラジャーは分かるだろうか？　実際、それほど足が速くない、スプリント回数が決して多くない選手が、試合を決めるケースは少なくない。

ボールを受ける角度やパスの強弱、味方への声掛けにランチでの何気ない会話。GPS機能付きチップはなんの反応も示さないが、サッカーではそういうことがとても重要なのだ。だから、無理をして歓喜の輪に加わることはない。チームメイトも観客も、ブラジャーを着けていない、生身のあなたを信用している。

（マニアック指数70％）

心を揺さぶった昇格プレーオフ

――2012年12月18日号掲載

「私、生で初めてサッカーを見たんですけど、凄く楽しかったです」

スカパー！で放送されたJ1昇格プレーオフの直前番組と試合後のハイライト番組の司会を務めさせてもらったが、その番組の女子スタイリストが試合後に語ったのが冒頭の言葉。エンターテインメント性だけなら、もっと面白いゲームはあるし、ゴールシーンが豊富なゲームだって他にいっぱいある。

彼女は、「プレーオフとはなんぞや？」とか、ゴールを決めた林丈統の経緯など知る由もない。

散歩中にたまたま河川敷でジェフユナイテッド市原・千葉と大分トリニータが練習試合をやっていて、まったく同じ展開でも（そんなたまたまあるわけないけど）、彼女は見なかっただろうし、見たとしても面白いとは言わなかっただろう。

でも、あの日の国立競技場には、面白いと思わせる熱が充満していた。一年間戦ってきた選手やサポーターの想い、その前からずっと続くクラブの歴史。人生を懸けて戦う選手の後ろ姿から発せられる魂。

いろんな念が国立に渦巻いて、観る者の心を揺さぶり続けた。

オフサイドやバイタルエリアが分からなくてもいい。ピッチやスタジアムから溢れる熱は、サッカーを知らない人の心を揺さぶるほど高かった。ただ……。

いろいろなところで語られているので多くは語らないが、みんなが感じた違和感とは――J2優勝はヴァンフォーレ甲府でしょ！　2位は湘南ベルマーレでしょ！　3位ではなく順番的に〝3番目〟で昇格を決めた大分が目立ち過ぎじゃない？――ということではないだろうか。おそらく、大分の方も少なからず感じているに違いない。

前号の加部究氏のコラムの中にも、田坂監督が湘南の眞壁社長に「2位より目立ってすみません」と語ったと記されている。

試合後のセレモニーを見ながら、スポーツニュースだけを見たら、大分がJ2で優勝したと勘違いする人もいるのではと、私も感じた。だからといって、「プレーオフを盛り上げ過ぎだ！」と言うのもおかしい。

そもそもJリーグ初のプレーオフ。一体どうなるのかなんて、誰にも分からなかったのだ。

ただ、やり過ぎ感も否めない。たぶんプロデュースのさじ加減なのだ。じゃんけんみたいな、取るに足らないことを全国民注目のイベントに仕立てる見事なプロデュースがある一方、こちらは人生を懸けた一戦。サッカーを知らない女子スタイリストにも、スタジアムの熱は十分に伝わっていた。ならば、おしとやかに淡々といじり過ぎないプロデュース方法もあったのではないか？

試合前のプロモーションは派手にして注目してもらう。試合後は、シャーレみたいなものより、賞状一枚ぐらいの質素な感じで十分。チェアマンが田坂監督を呼び、物陰で「J1昇格おめでとう」と耳元で囁くぐらいでも面白い。

もちろん、初の昇格プレーオフはエキサイティングで緊張感もあり、サッカーの面白さが十分に詰まっていたことは否定しない。

（マニアック指数55％）

夢を与えるJリーグであれ

――2014年1月21日号掲載

子どもの頃、布団で寝ていた私にとって、布団を敷く時間がお楽しみ妄想タイムになっていた。プロレスが大好きだった頃は、敷布団をハーリー・レイスに見立て、ブレンバスターからのフォール勝ち。毛布のミル・マスカラスからフライング・ボディアタックを食らい、掛け布団のスタン・ハンセンをバックドロップで仕留めて、チャンピオンベルトを腰に巻いた（もちろんすべて妄想）。

1982年、スペイン・ワールドカップのフランス代表のシャンパンサッカーに影響を受けたバカ中学生の頃、小柄ながら中盤で華麗なプレーを見せるアラン・ジレスに憧れ、彼がボルドーというクラブでプレーしているとの情報を仕入れると、我が家の布団はフランスのピッチに変わった。

日本の実業団チームから少しも注目を浴びなかった私は、ボルドーのユニホームに袖を通し、ジレスとプレーすることになった。敷布団のピッチでダイビングヘッドを決め、仲間と歓喜する。掛け布団のピッチで終了間際にオーバーヘッドを決め、ＭＯＭに選ばれた。

部屋の中で大暴れしている妄想サッカータイムは、スタンドからの歓声に浸っている頃、親父からの「やかましわ！」でいつもタイムアップを迎えた。それでも、次の日になればまた飽きずに同じ夢を見ていた。

２０１３年は野球がたくさんの夢を見せていた。

ダルビッシュ有が三振を取りまくる姿は爽快だったし、9回に登場する上原浩治の投球は感動的でもあった。そして、東北楽天ゴールデンイーグルスのマー君こと田中将大の投球は子どもだけでなく大人にも、東北だけでなく日本中にも夢を与えた。連勝を続け、ついにはかつての大投手カール・ハッベルの連勝記録を抜いた。

「カール・ハッベルが投げて、ベーブ・ルースが打つ。そんな夢のような試合が見たい！」。ナショナルリーグのジャイアンツに所属していたカール・ハッベル。アメリカンリーグのヤンキースに所属していたベーブ・ルース。ワールドシリーズ以外で対戦のないふたりの対決を夢見た子どもの一通の手紙から、オールスターゲームは始まったと言われている。

プロのプレーが子どもに夢を見せ、その夢を大人が叶える。夢を見た子どもも素晴らしいけど、それを叶えた大リーグの器、度量の大きさも素晴らしい。そして、そんな大投手の記録を抜いた田中将大は本当に偉大だ。

13年、佐藤寿人のサガン鳥栖戦のゴールを夢見て、左ペナルティエリアの外からドライブをかけたシュートを練習した子どももいただろう。中村俊輔のドリブルや柿谷曜一朗のボール扱いを夢見た子どももいただろう。布団での妄想は別としても、きっと子どもは勝手に夢を見る。あとは、大人がどうするか？

日本のサッカーが強くなることを夢見て始まったJリーグも、20歳を迎えて大人になった。14年、お金や現実的な大人の話も大事だけれど、子どもにも大人にも夢を与えられるようなJリーグであってほしい。

（マニアック指数60％）

♪ハッピーバースデー・ディア「8月14日生まれ」

――2012年8月21・28日号掲載

「♪ハッピーバースデー・トゥーユー、ハッピーバースデー・トゥーユー、ハッピーバースデー・ディア小倉純二名誉会長、ハッピーバースデー・トゥーユー」

来る8月14日は、日本サッカー協会、小倉名誉会長の74歳の誕生日。

FIFAやAFCの理事を務め、Jリーグ創設や2002年のワールドカップ招致など日本サッカーの発展に尽力された。この方の存在がなければ、Jリーグも日韓ワールドカップもどうなっていたか分からない。小倉名誉会長、お誕生日おめでとうございます!

日本のサイドバックのパイオニア的存在の都並敏史氏は、1961年8月14日生まれ。子どもの頃から日本代表を応援し、ついには憧れの代表にまで登りつめた、まさに〝日本代表の生き字引〟。解説をしている時の言葉は、サッカーへの愛、情熱に満ち溢れている。そうした想いや人柄もあって、都並氏が指揮を執ったクラブの選手は、彼の姿を見かけると必ず歩み寄り、言葉を交わす。スタジアムでそんなシーンを幾度となく見た。これからも、そのサッカー愛で日本サッカーを明るく照らし続けてほしい。

ベガルタ仙台の奥埜博亮は、89年8月14日生まれ、仙台ユース出身。仙台大を経由し、今季、再び仙台に戻ったルーキーだ。171センチと小柄だが、チームの期待の大きさは、〝ミスターベガルタ〟こと千葉直樹が付けていた背番号「7」を託されていることからも明らか。これからが楽しみな選手だ。

サンフレッチェ広島の石原直樹は、84年8月14日生まれ。今季、広島に加入したばかりだが、あっという間にフィット。そのスピードに目を奪われがちだが、シュートセンスも抜群。大宮時代も短い出場時間の中、コンスタントに得点を重ねていた。佐藤寿人、高萩洋次郎とのトライアングルが奏でるハーモニーは絶妙だ。

その石原と同じ生年月日なのが、ジェフユナイテッド市原・千葉の佐藤健太郎。リズムを壊さず、確実に味方にパスをつなぐ。どんなチームにもひとりは欲しいタイプのプレーヤーで、一家に一台「佐藤健太郎」なのだ。

そして、ロアッソ熊本の筑城和人も、前のふたりと同じく84年8月14日生まれ。3バックでも4バックでも、右でも左でも、あらゆる守備的なポジションを難なくこなす。粘り強い守備だけでなく、気持ちでも相手に負けることはない。

ギラヴァンツ北九州の森村昴太は、88年8月14日生まれ。

ＦＣ東京Ｕ－18育ちの技巧派で、北九州加入後は力強さも身に付けた。得意の左足から、さらに好機を演出してほしい。選手だけでなく国際審判員の飯田淳平氏も、誕生日は81年8月14日だ。

それでは、再びあの歌を――。

「♪ハッピーバースデー・トゥーミー、ハッピーバースデー・トゥーミー、ハッピーバースデー・ディアヒラハタ、ハッピーバースデー・トゥーミー♪」

２０１２年8月14日、天気さえ良ければ、金星食を見ることができます。

（マニアック指数70％）

柏のホームスタジアムで妖艶な桜に酔う

――2018年4月26日号掲載

今年も桜は美しかった。春の訪れを感じながらウキウキし、どこかもぞもぞしてしまうこの感じがたまらない。もしも一年中、桜が咲いていたらどうなるだろう？　落ち着かないだろうな～。きっと一年のうちに2回ほど、携帯電話と家の鍵をなくすに違いない。

甲州街道を府中方面に進み、味の素スタジアムが右手に見える交差点を右折した瞬間、眼前に広がる桜並木は本当に凄い。桜が咲いている気配がまったくなかったところに、突如としてピンクの花道が出現するから、その急激な色彩の変化に圧倒されてしまう。ＮＡＣＫ５スタジアム大宮がある大宮公園の桜は本数も多く、「咲き誇る」という表現が相応しい。出店もたくさん並び、盛り上がる花見客を横目にスタジアムに向かうのは、この季節ならではだ。

あとは、ニッパツ三ツ沢球技場の桜も美しいし、正田醤油スタジアム群馬のある敷島公園はバラで有名だが桜も負けてはいない。公園内にあるスタジアムは多いから、サッカーと桜を一緒に楽しんでいる人は、日本全国に結構いると思う。

柏レイソルの本拠地、三協フロンテア柏スタジアムにも桜は咲く。アウェーサポーターが陣取るゴール裏のバックスタンド側に、桜の木が集まっているところがあって、なかなか美しい。さらに同じゴール裏のメインスタンド側、喫煙所がある柵の向こうにも桜が咲いているのだが、その佇まいが実に圧巻。更地にただ1本のみ、堂々とそびえ立っている。

三協フロンテア柏スタジアムの喫煙所の近くに咲いている１本の桜。妖艶さが際立つ

樹齢は分からないが、幹が太くて背が高く、枝っぷりも見事。幹の下のほうからも枝が伸びていて横に広がっているから、まさしく〝桜だらけ〟といった印象なのだ。

そんな桜のパワーに引き寄せられて――煙草が吸いたかったからではない――、私も恐る恐る近づいてみた。

確かに美しい。ただあまりにも迫力があって、ちょっと恐ろしさも感じた。花びらの多さゆえ、可憐さとか儚さよりも妖艶さが際立ち、その存在感に思わず息を呑む。

幹に手を触れた瞬間、すべての花びらが頭上に舞い落ちてきて、身動きが取れないまま窒息死する――。そんな訳の分からないオカルト映像まで思い浮かべてしまった。

桜の木は人を酔わせる。今年はもう散ってしまったが、来年の春は皆さんもこの桜に酔いしれてほしい。


（マニアック指数90％）

情報過多社会と遮断ブロックの戦い

――2017年4月13日号掲載

熟考し、練り上げたつもりの守備ブロックはいとも簡単に崩れてしまった。チャンピオンズ・リーグのベスト16、バルセロナ対パリ・サンジェルマンの第2レグ。破られたのは、第1レグで0対4と圧勝した後者の守備網ではなく、この試合をライブで観戦できなかった私の情報遮断ブロックだ。

TVのニュース番組は見ない。携帯のニュースアプリも開かない。電車の中でおっさんのスポーツ紙を横目でチラ見しないと心に決めた。しかし、今回ばかりは敵が大き過ぎた。朝から携帯画面に「バルセロナが奇跡の大逆転勝利！」の文字が躍った。滅多に情報を送ってこないアプリまで、嬉しがって更新情報を通知する。完膚なきまでに打ちのめされた。

6対1という大逆転劇に驚いたのは当然ながら、さらに驚愕させられたのは、結果を分かったうえで試合を見ても信じられない気持ちになったこと。バルサは本当に凄かった！

普段から、携帯の画面に表示されるニュースの見出しに助けられてはいる。TVや新聞を確認しなくても、世の中のことをなんとなく知ることができるし、誰かと会話する時のネタにもできる。

だが、サッカーになると話は別だ。生で見たい。それは無理でも、情報を入れず、〝エセ〟ライブ感を演出して楽しみたい。大阪に住んでいた頃の友人に先日会ったが、過去に日本代表の結果を私に伝えたところ、「死ぬほどキレられた」と怨念を吐露。

私は迷惑な人間なのです。しかし、どんなに迷惑がられようが、情報と上手く付き合い、できるだけ先入観のない状態でサッカーを楽しみたい。

「キング・カズ、最年長ゴール更新！」

また負けた……。「凄い」「素晴らしい」が正解の感情に違いない。それでも、携帯の画面を見た私はこう漏らすのだ。「うわー、またかよ！」。情報がない状態で、このシーンに出会えていたならと思うと悔しくて仕方がない。

苦難の日々が続く中（ニュースアプリを消せばいいという意見は無視）、勝利する日が突然訪れた。携帯が震えた。「中村俊輔、直接ＦＫ弾！」の文字。その時の気持ちはこうだ。「情報が遅いよ！」。実はあのＦＫを現地で堪能していたのだ。なんという優越感。勝ったぞ！　情報過多社会に俺は勝ったんだ〜。これからも戦いは続いていく。

（マニアック指数85％）

第8章 Jのチームを追いかけて

元日本代表、恐るべし

――書き下ろし

選手にとっては大変なキャンプシーズン。ただ、サッカー好きにとっては、この時期も存分に楽しめる。選手や監督はシーズン中とは違う表情を見せてくれるし、違う言葉を聞かせてくれる。いつものスタジアムや練習場ではないところで見るサッカーは結構新鮮だ。

そして、この時期の沖縄が個人的には最高に好きだ。暑過ぎないし、春を先取りして感じることができる。鹿児島や宮崎はまだ寒く、雪が降ったりすることもあるが、食べものが美味しくて、楽しみは尽きない。

鹿児島に美味しいトンカツの店があることをスタッフが教えてくれた。そして、次の日の昼間、練習場を移動する間に、立ち寄れる時間がありそうだと聞いていた。

この取材で同行していたのが、解説者で現在はブリオベッカ浦安の監督も務める都並敏史さん。溢れんばかりのバイタリティ。明るい性格。豊富な話題。カメラが回っている時も、移動中も食事中もすべてが楽しい。

さて、午前中の取材が終わり、移動の車中で都並さんはホテルの朝食が美味しかったという話を始めた。ひと通り食べた後、カレーまで食べてしまったという。

実は、私はホテルで朝食を食べなかった。なぜならば、昼間にトンカツを食べる可能性があるから。そして、そのトンカツの量が尋常ではないという情報も耳にしていたから。ただ、都並さんの様子を見る限り、トンカツ店に行くことは伝わっていないようだ。非常に申し訳ない気持ちになったので、都並さんが他のものが食べたいと言うなら、それに合わせようと思っていた。

スタッフから昼食をトンカツにする旨の打診がきた。そして、都並さんからもＯＫが出た。もしかすると、気を遣わせてしまったのではないだろうか？

トンカツ店に到着した。注文する前に、お店の人から残った分はお持ち帰りもできますからという言葉があった。この時点で、分量が多いことが確定したが、実際のトンカツを見てさらに驚いた。皿に鎮座するトンカツの面積もさることながら、分厚さも半端ない。ただ、男として簡単に残すことはできない。都並さんと私とスタッフ４人は一斉に無言でトンカツに向き合った。

美味しい。間違いなく美味しい。ただ、少しでも気を緩めると、胃袋に入っていかなくなるような気がしたので、何も考えず食べることに集中した、その時！

「ご飯おかわり！」の声が聞こえた。声の主は都並さん。このグループの最年長者であり、ホテルの朝食を満喫した都並さんがご飯をおかわりしたのだ。そのバイタリティや恐るべし。負けてはいられない。苦しいながらも、食べるピッチを上げ、あとひと踏ん張りというところで「ご馳走さま」の声が聞こえた。

もちろん、声の主は都並さん。私は声が聞こえたのと同時に、都並さんの顔を見た。日本代表でも活躍していた男のバイタリティは尋常ではない。なんと、額にキャベツの千切りが3本ほどくっついているではないか！　一体、どんな食べ方をしていたというのか！

元日本代表、狂気の左サイドバックの途轍もないバイタリティ。こんな姿が見られるのもキャンプならでは。シーズン前からサッカーも都並さんも楽しい。

（マニアック指数90％）

水戸が勝ち取った「金星」

——２０１５年11月12日号掲載

7月4日、雨降るケーズデンキスタジアム水戸を訪れた。他のスタジアム同様、このスタジアムもいわゆるスタジアムグルメが楽しめる。そして、メインスタンド入り口前のスペースには、多くの店が軒を連ねる。

購入したものを食べようと思い、ちょうどテントの後ろに椅子があったので、その前にいたご婦人に断りを入れてアツアツの唐揚げ（最近、どの

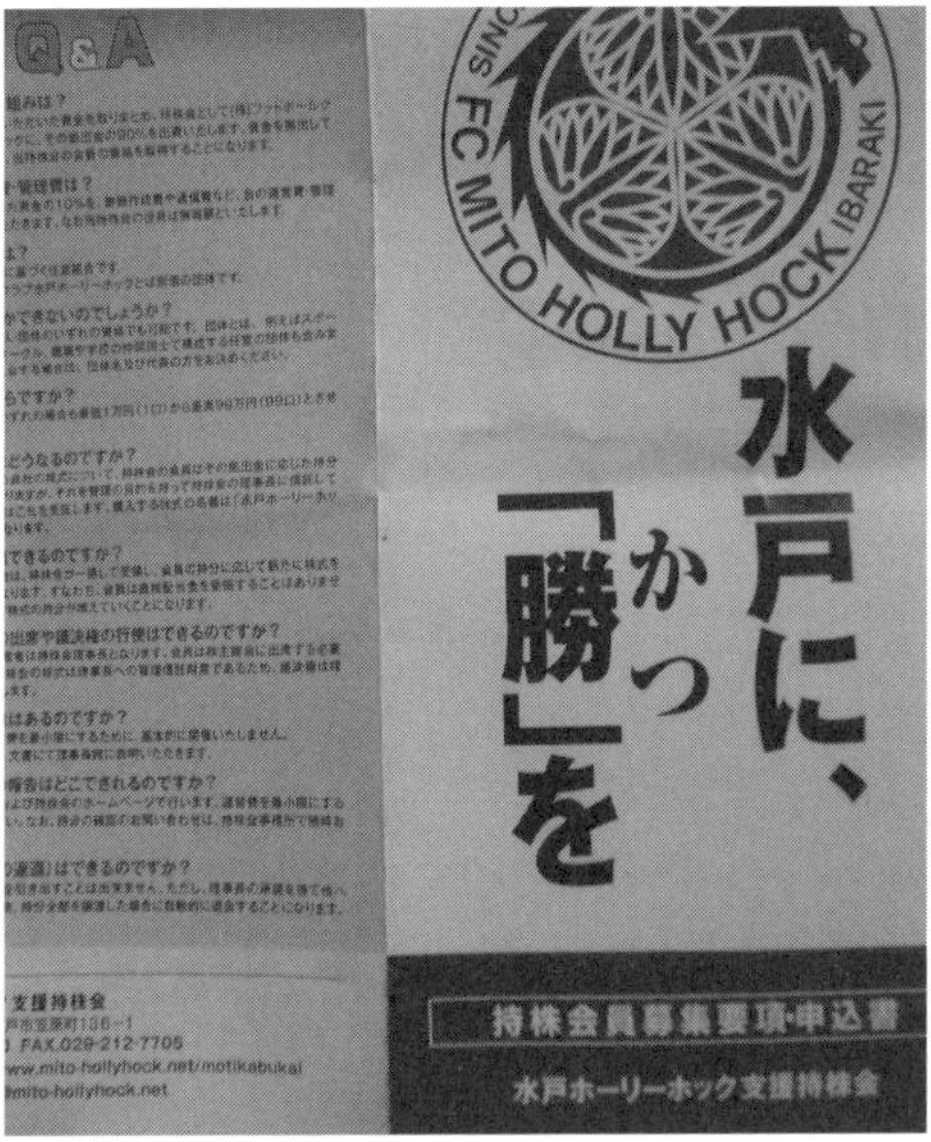

ご婦人から手渡された水戸のパンフレット。さまざまな人たちがクラブを支えている

スタジアムでも美味しい唐揚げが多い）を食べていた。すると、ご婦人は私に小さなパンフレットのようなものを手渡した。「水戸ホーリーホック支援持株会」。

内容を要約すると、〈特定の企業や組織に多くを頼らず、クラブを運営していくことは容易ではない。時間がかかったとしても、水戸ホーリーホックは地道な活動を続けている。そんな市民クラブを、資本金を充実させて、子育てのように、地域市民の手で育てていきたい〉。

そんな趣旨が書かれていた。私は株のことなどさっぱり分からないが、株と言うからには配当金のようなものがあるか聞いてみると、会員への直接配当金はないが、持株会は配当金があれば一括受領し、新たに株式を購入するという。債務超過で苦境もあった。東日本大震災の影響も大きく受けた。財政状況が楽ではないクラブだが、こういう地元の人たちの支えがあってこその水戸である。

とはいえ、現在の水戸は成績でも厳しい状況にある。J2リーグの36節終了時点で20位。J3との入れ替え戦に回る21位との勝点差はわずかに「3」。予断を許さない状況である。35節はアウェーでファジアーノ岡山に惨敗という内容だった。36節はホームで2位のジュビロ磐田と引き分け。粘り強い守備が戻りつつあるように感じた。そして中3日での天皇杯3回戦は、公式戦8年ぶり3度目の茨城ダービー、鹿島アントラーズとの一戦となった。

水戸は鹿島に公式戦で勝ったことがない。大事なリーグ戦も控えている。しかし、このゲームを水戸は勝ちに行った。果敢に鹿島に勝負を挑んだ。
前後半、延長戦を終えて0対0。そしてＰＫ戦。最後は水戸のＧＫ笠原昂史がセーブし、水戸は歴史的な金星を掴み取った。選手たちは、配当金とは比べものにならないくらいの喜びを配当した。きっと、ご婦人の苦労も少し報われたに違いない。

（マニアック指数80％）

雪国クラブ・新潟を支えるサポーター

――２０１７年２月９日号掲載

1月14日、寒波が日本を襲った。上越新幹線の車内から見る景色は、大宮までは普段と変わらなかったけれど、そこを通過してから少し経つと雪が舞い始め、気付けば一面の雪景色。新潟に近づくほどに鉛色の雲に覆われた空と、雪で敷き詰められた町との境目が分からなくなっていった。

「テレビで見たことはありますけど、こんなにたくさんの雪を生で見たのは初めてです。やばいっす」

ジェフユナイテッド市原・千葉から加入した富澤清太郎が話してくれた。彼のキャラクターなのか、そこに暗さなど微塵も感じない。多くの雪に驚きながらも、それを楽しんでいるように見えた。

毎年、この時期になると開催されるアルビレックス新潟の激励会に今年も呼んでいただいた。チケットは完売。とはいうものの、新潟県内の在来線のダイヤも大きく乱れるほどの大雪で、客足が心配された。しかし、蓋を開けてみれば会場の新潟県民会館は満員御礼。いつもどおりの熱気に包まれた。

今季は新加入選手も多く、大所帯になった新潟。レオとラファエルのＷシルバら愛してやまないブラジル人選手は去ったが、「おかえり！」「ただいま！」の関係である、これまた愛してやまない矢野貴章と本間勲が帰ってきた。

また、クルゼイロから加入したブラジル人ＦＷのホニ（21歳）は上背こそないが、スピードがあって、身体能力も相当高いようだ。聞けばゴール後のパフォーマンスもなかなかアクロバティックらしい。

雪国のクラブはシーズン開幕まで、長く厳しいキャンプ生活を強いられる。新潟も１月16日から台湾でキャンプをスタートさせるが、シーズンが始まっても練習場に雪が積もり、除雪作業の協力をサポーターにお願いすることもあるという。そういう映像は何度も見ていたが、私の思考はその先を捉えず、そこで止まっていた。

除雪作業に至るまでの当たり前のことを今回、クラブの方に教えてもらった。そして、自分の想像力の乏しさに気付かされた。

練習場に雪が積もっているということは、除雪作業に出向く人たちの家の前も同様。つまり、出掛けるには自分の家の前を除雪しなければならない。場合によっては前夜にも作業が必要だ。そんな人々の熱量に、クラブは支えられている。

（マニアック指数70％）

感情を超えたその先に

——2013年5月14日号掲載

18戦無敗のJ1新記録を達成した大宮アルディージャ。その1週間前、大阪長居スタジアムでのセレッソ大阪戦でJ1無敗タイ記録に並んだ日に、実は記録以上に大宮アルディージャはスゴイ領域に達していたのだった。

試合は1対1で迎えた64分、高橋祥平が退場し、大宮がひとり少なくなりながらも、85分にズラタンの決勝ゴールで勝利。その〝凄い領域〟を実感したのは試合後だった。スタンドのサポーターに向けて挨拶する大宮の選手たち。中継の映像はサポーターの表情を映し出した。喜びを身体全体で表現する人。笑顔に満ち溢れた人。感極まって涙を浮かべる人。そんな感情を爆発させるサポーターの中でひとりの女性に私は釘付けになった。

その女性の表情は喜怒哀楽を超え、恍惚の表情、つまり、いっちゃっていた。ぶっ飛んでしまっていたのだ。

視線は宙を彷徨い、もはや無表情に近い。感情の領域を超え、もうひとつ先の悦びの世界に突入。

観ている人をここまでにさせる大宮は〝凄い領域〟に達している。そして、これこそが正真正銘のセクシーフットボール。サポーターにエクスタシーを感じさせた。彼女は、もう大宮から離れることはできないだろう。

そんな雰囲気を作り出した一因は高橋の退場にある。

巧みにボールカットしたように見えたが、ファウルを取られ、その判定に感情を取り乱してイエローカード。それでも納得いかず、執拗に抗議したため、もう一枚イエローカードが出て退場になった。

キレてしまったのだ。チームに迷惑をかけ、大宮の新記録が途絶えても不思議はなかった。

時に、感情をコントロールできないことはある。だけど、感情をコントロールできて、ミスも少なく、規律を守る選手ばかりがピッチに並ぶフットボールは果たして面白いだろうか？　観客の心を揺さぶるだろうか？　高橋のポテンシャルは、東京ヴェルディ時代、当時の高木琢也監督のお眼鏡に適い、17歳ながら開幕スタメンに抜擢されたことからも分かる。味方にはっきりとものを言うシーンも何度も見た。

性格はストレート。心はガラスのように脆くもあるけど、そのガラスを重ねて分厚くすればいいいだけなのだ。

その日、私は山梨中銀スタジアムでヴァンフォーレ甲府対柏レイソル戦を観戦していた。甲府の3点目を決めたのは、高橋が尊敬する土屋征夫。ヘディングシュートを決めた時の滞空時間、そして高さは尋常ではなかった。跳ぶではなく飛ぶ。ジャンプではなくフライング。異次元の高さで飛んでいた。ジャンピングヘッドではなくフライングヘッド。「100パーセントで飛んでないですよ。100パーセント出したらバー越えちゃいますよ」と、にやりと笑って私に言ったが、あながち冗談に聞こえなかった。

高橋も笑いながらそんなことを言う日がきっと来るだろう。飛躍のための助走を始めた時期は土屋よりも早い。高橋がプロデビューしたのは17歳。同じ17歳の頃、土屋は田無工高で書道部だったのだ。

（マニアック指数70％）

痛快で面白い山口のサッカー

――２０１６年６月９日号掲載

5月15日、Ｊ2・13節。昇格候補であるセレッソ大阪のホームに乗り込んだレノファ山口ＦＣが、4対2のスコアでＣ大阪を下した。

山口はＪ3を1年で通過し、今季初めて活躍の舞台をＪ2に移したクラブ。昨季までは、全員がプロというわけではなく、働きながらプレーする選手もいたという。そんな山口の披露するサッカーは、痛快で面白い。

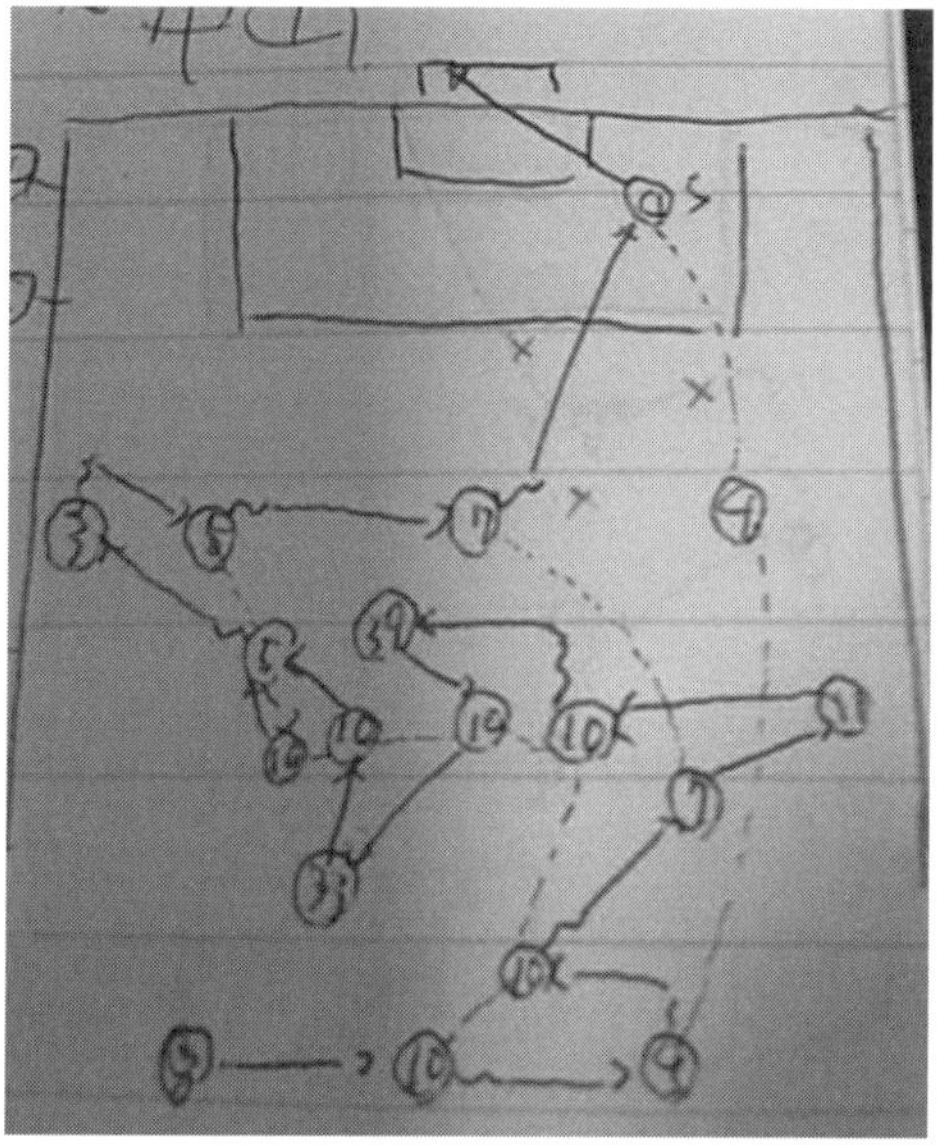

山口の庄司⑩は緩急の付け方が素晴らしく、この試合でも存在感を示していた

この日の4ゴールを見

ても、そのバリエーションに驚かされる。ポゼッションからの先制点。2点目はスローインから。3点目は敵陣でボールを奪ってからのショートカウンター。そして、4点目は自陣からのロングカウンターという内訳だ。

先制点につながったポゼッションからの崩しは見事。38秒間、パス17本。17本目の福満隆貴のスルーパスに反応した右SBの小池龍太が冷静に決めた。自陣左サイドでフィフティフィフティのボールをマイボールにした島屋八徳がパス。庄司悦大はファーストプレーで慌てず、ゆったりと絶妙な間を取った。この選手の緩急の付け方が素晴らしく、緊張と緩和を自在に操る落語家のようである。そして、ポジショニングと巧みなボールの持ち方から、なぜか相手は寄せられない。

Jリーグで活躍するあるDFが、遠藤保仁について語っていたのを思い出した。遠藤がボールを持った時、目が合うことがあるという。相手の陣形を観察する遠藤と目が合った時、思わず足が止まってしまうというのだ。同じ雰囲気が庄司にも感じられる。庄司は少し間を取った後、17本のパスに関与すること6回。短い距離のシンプルなパスの中で、彼は効果的に攻撃を展開した。

4点目のゴールを決めたのも、右SBの小池。全員が果敢にゴールを狙う思い切りの良さも山口の持ち味のひとつだが、自由奔放にやっているわけではなく、しっかりとリスク管理もされている。ただ、そのマネジメントの理由は〝負けたくない〟〝失敗したくない〟とは少し違う。〝山口のサッカー〟や〝サッカーの面白さ〟を披露するためのものだ。

だから後ろが重たくない。だから楽しい。ほとんどがＪ２初挑戦の選手たちが繰り広げる、山口のサッカー維新には、サッカーの楽しさが詰まっている。

（マニアック指数70％）

鹿島の選手たちから滲み出る個性

――2017年1月12日号掲載

選手が登場するクラブのイベントに参加すると、驚かされることがある。それは、若い選手の芸達者ぶりだ。

一発芸、モノマネ、ショートコント……。年上の選手に話を振られてパフォーマンスを披露する者もいれば、自分発信で始める者もいる。ファン、サポーターのためとはいえ、何千人もの前で芸を見せる度胸にはいつも感心する。

若手でなくとも、インタビューなどで言葉を巧みに操り、オチまでつける、いわゆるネタをたくさん持っている選手もいる。話は盛り上がるし、聞く側としても本当に助かる。ただ、それが個性的に映っているかどうかは分からないけれど。

今季のチャンピオンシップ（ＣＳ）を制した鹿島アントラーズの選手は、それとは真逆のイメージを持たれているようだ。テレビではしゃぐような場面をあまり見ないし、ミックスゾーンで記者の笑いを誘っているようなシーンもない。大きな声で話さないのか、記者たちはかなり身を乗り出して耳を傾けている。あまり積極的に話したがらない選手もいるようだ。

ＣＳ決勝第2戦の後、生放送で鹿島の選手たちと話をする機会があった。結論から言うと、彼らは面白い。それは、面白おかしいということではなく、一人ひとりが個性的で興味深いという意味だ。

なぜならば、こだわりを持って仕事をしている人特有の近寄りがたいオーラを纏ってはいるものの、その裏側に隠されたモノが、人とは違うからである。

料理人や芸術家、教授のようで、取っ付きにくいこともあるが、話を聞けば聞くほど奥深く、面白い。瞬間的な笑いを誘ったり、一般にウケることをあまり言ったりしないので、ぶっきらぼうに映ることもある。だが、言葉以上に言葉を発する人間性が魅力的だと思う。

だからこそ、良い意味でのアクの強さを持った選手たちを同じ方向に向ける石井正忠監督の懐の深さには感心してしまう。あの個性的な選手たちを、ひとつの集団にまとめ上げるのは並大抵のことではない。その手腕には、興味をそそられる。

モノマネや一発ギャグを大衆の前で披露するより、多くを語らない鹿島の選手を個性的だと感じる不思議。個性って出すものではなく、滲み出るものなんだな〜。

（マニアック指数65％）

彼女を誘って観るなら徳島！

——2017年6月22日号掲載

徳島ヴォルティスの2月のキャンプを取材した知人が「とにかく明るかったですよ！」と鼻息荒く言っていた。R・ロドリゲス監督の就任効果なのか、チームの雰囲気が良いと、しきりに強調していた。

実際にシーズンが開幕すると、徳島はその明るいカラーをピッチに表現するかのような楽しいサッカーを繰り広げた。サイドの選手が高い位置を取り、ボールを持てばスピーディに仕掛ける。攻守の切り替えも早く、アグレッシブにゴールへ向かう。

こうした積極的なサッカーをすると、夏場にはバテてしまって勝点を稼げなくなるのでは？　と疑問を投げかける識者もいる。省エネで効率良く勝点を稼ごうとするチームもある。それは非常に重要なことではあるが、リスクを負ってでも勝点3を奪いに行く、面白さを追求する姿勢も大事だと思う。しかもJリーグを初観戦する人が多いのもこの季節。確かに勝点1でも十分価値はあるけど、引き分けたチームを讃えるなんて、初めてスタジアムに来た人には少し分かりにくい。その点、彼女を誘ってスタジアムに行くなら、徳島のサッカーは最適だ。

5月7日、アウェーでのファジアーノ岡山戦も失点するまで、攻撃的なスタイルを思う存分に発揮していた。岩尾憲がゲームをコントロールし、島屋八徳と渡大生が前線をかき回す。そして前半のうちに徳島が先制した。

しかしワンプレーが流れを変える。ヴァシリェヴィッチがバックパスを失敗、ＧＫも触れずにラインを割る。そのＣＫから岡山に追い付かれ、一気に前半のうちに逆転を許した。

ハーフタイム後のＴＶインタビューで、ロドリゲス監督は言った。

「自分たちのミスで負けては絶対にいけない」

失点することも、ミスをすることもある。しかし、ミスのせいで負けてはいけない。そして、このコメントは、ピッチに立つ11人のみならず、徳島に関わるすべての人に向けたコメントのように思えた。

フクダ電子アリーナでの馬渡和彰とボールボーイの一件や、サポーターが〝液体〟をかけた一件は、絶対にあってはならない行為だが、大事なのはその後。誰でも失敗するし、間違えることもある。しかし、それを理由にして、負けてはいけない。

きっと、この指揮官の下でなら、徳島は厳しい夏も力強く乗り越えていくことだろう。

（マニアック指数85％）

地球温暖化を救う!? C大阪の水着企画

――2017年8月10日号掲載

地球温暖化は、深刻さを増している。「2100年未来の天気予報」によると、このまま推移した場合、日本各地で昼間は軒並み気温40度を超えるらしい。

仮にそうなれば、外出するだけでも命にかかわる。照りつける太陽の下で、サッカーなどしていられないだろう。

そもそも今でさえ、スタジアム周辺を散策しただけで試合前から汗だくになる。選手の汗だくでびちゃびちゃになったユニホーム以上に、サポーターの汗問題が気になってしまう。

90分間、常に飛び跳ねているのだから、汗の量は想像を絶するだろう。熱中症対策に水分補給が必要なのは言うまでもない。ただ試合に集中しすぎて、それを怠ってしまったら、やはり危険だ。

となれば、着替えも必要。男子であれば人目をはばからず素早くできるけれど、女子はそういうわけにもいかない。どんなにタフな方でも、スタジアムで応援する際にはいろいろな心構えと準備が求められる。

と思っていたら、待ってました！　そしてありがとうセレッソ大阪！　私が長年にわたり脳内で密かに育んでいた構想を実現してくれた。

8月5日のキンチョウスタジアムでのルヴァンカップ、北海道コンサドーレ札幌とのプレーオフ第2戦。

「暑いんやから、水着でええで！　タダ券あげたる！」

なんと、水着姿で来場すれば、観戦チケットが無料でもらえるという。

水着の条件は、男子は海パンのみで、トップス（Tシャツやパーカーなど）は着用不可。女子はワンピース型やツーピース型などの遊泳用の水着を着用し、男子同様に羽織物はダメ。

いいぞセレッソ！　なおかつ中学生以上が対象というのも素晴らしい！　せっかくの企画にちびっこ大集合となると興ざめもいいところ。多くの人が着替えをする手間も省けて、クラブの水着グッズの制作販売も見込める。

水着女子がたくさん来場すれば、おっさんの入場者も増える。なおかつ、最近増えた突然のスコールに濡れそぼっても、対策ばっちり。今日は水着で良かったと思えるだろう。

一石三鳥、いや四鳥だ。しかし‼

水着姿では観戦できないルールになっている。水着が認められるのは入場時と記念撮影の時だけらしい。

仕方がないけど、惜しいな～。夏フェスだって、水着で楽しんでいる人がたくさんいるしな～。

水着の男女が、スタジアムで大騒ぎして飛び跳ねる姿を想像しただけで、心も躍る（想像の男女は若者限定）！

それにしても水着だと入場無料になるなんて太っ腹。なかなか斬新かつユニークな企画だ。

（マニアック指数60％）

湘南のビッグウェーブ

――2017年11月23日号掲載

歌詞カードは簡単に開かないし、ネットでも調べない。どんな曲も可能な限り自分の耳で聴き取ろうと努力する。文章の切りどころが分かりにくかったり、英語と日本語が交ざったりする難解な歌詞も多いが、自分なりに解釈して聴き続ける。そのほうが一曲を長く楽しめるし、何かのきっかけで歌詞がはっきりと分かった時の感動や驚きも大きいからだ。

♪ベルマーレ　ビッグウェーブ　オーオーオオーオーオー♪

湘南ベルマーレの試合は何度も観戦し、チャントだって何度も聴いているが、「ビッグウェーブ」のところがずっと曖昧だった。「来てる」か「見てる」、もしくはなんらかの英語か……。突然、正解を知ることになった。それは意外にもニュース映像からだった。

台風21号の影響で相模川の水が氾濫し、湘南が使用している馬入の練習場が水没。緑のピッチは大量の泥で覆われてしまう。その復旧作業にたくさんの有志の方が加わったというニュースだが、彼らはこう歌いながらトンボで泥を掃き出していた。

♪ベルマーレ　ビッグウェーブ♪

あの部分は「ビッグウェーブ」だったのかと驚くと同時に、湘南がこうした人たちによって支えられているのだと再認識させられた。

10月29日、その湘南がJ2優勝を決めた。3年前の昇格時のようなイケイケ感は薄れたが、シンプルで、全員が与えられた任務を献身的に遂行する「2017年バージョンの湘南スタイル」で勝ち取った栄冠だ。

チームとともに選手個々も大きく成長した。山田直輝は相変わらず愛らしい顔をしているが、プレーヤーとしての芯は確実に太くなった。秋野央樹からは中盤を背負って立つ覚悟が感じられ、存在感を増した秋元陽太はビッグセーブで何度もピンチを救った。若手を育てながら勝つイメージが強いクラブだが、今季はベテランも溌剌とプレー。アンドレ・バイアの安定感は言うまでもなく、島村毅や坪井慶介もピッチに立てば好パフォーマンスを披露し、怪我から復帰した藤田征也は、一本のクロスでスタジアムを沸かせられる選手であることを改めて証明した。

今季、そんな彼らが起こしたのは、ビッグウェーブというより「美しくも力強い波」だった。湘南に関わるすべての皆さま、昇格&優勝、おめでとうございます。

（マニアック指数65％）

今季も沼津は〝想い〟が伝わるチームだった

――２０１９年１月10日号掲載

ホーム最終戦後のセレモニーがたまらない。チームの出来不出来によって雰囲気は変わるけれど、お疲れさま感と寂しさ感、喜びと悲しみが入り交じって独特の空気が生まれる。

昨季、Ｊ3アスルクラロ沼津を率いる吉田謙監督の言葉はあまりにも感動的だったが、今年もまた、愛鷹広域公園多目的競技場で行われたホーム最終戦に立ち会うことができた。そして、その挨拶はやはり感動的だった。朴訥とした語り口調には心がこもっていて、決して流暢とは言えないけれど、言葉の一つひとつが胸に届く。「愛情いっぱいに選手を包み込んでくれる地域の皆さま」とか、「応援してくれる人がいる。支えてくれる仲間がいる」といったフレーズが寂しい冬の空とあいまって、涙腺を刺激する。

ただ、今年は吉田監督の前に挨拶をしたキャプテン菅井拓也の言葉も感動的だった。

「アスルクラロ沼津のキャプテン、背番号15、菅井拓也です」

マイクの前に立った菅井の第一声は彼の誠実さを表していた。菅井も流暢とは言えないが、丁寧に言葉を紡いでいく。関係各位に感謝を述べ、優勝できなかったことをサポーターに詫びた後、こう続けた。

「まだまだ僕たちには優勝、昇格圏を狙える力が足りません。栃木SCさんの試合では何台ものバスでサポーターが駆けつけ、鹿児島ユナイテッドFCさんのスタジアムには1万人の方が来場されましたが、そうなるまでの魅力的なサッカーはできていませんし、チームとしての力がまだまだ足りないと痛感しました。あの光景を目に焼き付けて、胸に刻んで、今季のスローガンにもあるように、（来季も）全力で前に進んでいきたいと思います」。J2ライセンスがなく、優勝しても昇格できないことを一切言い訳にせず、丁寧に語る姿に胸を打たれた。

11月4日、ホームのAC長野パルセイロ戦。2対3で敗れた試合後、選手が入場前に集まるいわゆる〝たまり〟で、この日はベンチ外だった沼津の顔、尾崎瑛一郎が壁に貼られたチームフラッグを見つめていた。

「試合前は見る余裕がないんですけど、こうやってちゃんと見ると、いろんなメッセージが書かれているんですね。本当にありがたいです」

今季も沼津は、様々な〝想い〟が伝わるチームだった。

（マニアック指数90％）

第9章

海外サッカーとW杯

バルセロナで相次ぐ発見！

——書き下ろし

かつて、ＪＳＰＯＲＴＳの番組のロケでバルセロナに行った。ワールドカップ直後かつシーズン前ということもあり、練習場に行っても主要選手はあまりいなかったし、カンプ・ノウには行ったものの、当然試合は行われていなかったが、バルセロナの街で多くの発見があった。

カンプ・ノウから歩いて数分の場所にある「Rincon de Viti」。試合後にイニエスタも訪れるというレストラン。気楽に入れるお店だが、提供される食事の美味しさはこの上なし。生ハムの美味しさは格別でワインが止まらない。ガリシア風のタコが絶品で、じゃがいもとともに食べると病みつきになる。

バルセロナの選手もよく訪れるこのお店の壁には、誰もが知る選手たちの来店時の写真が所狭しと飾られている。その中に、他の写真よりも鮮明で、来店時ではなくプレー中の写真が飾られていた。

いろんな意味で目立つ写真の主は松本山雅ＦＣ監督の反町康治氏。バルセロナにコーチ留学している時に、来店していたようだ。バルセロナで意外な発見。美味しい食事とともに忘れられない店になった。

このロケのカメラマンと音声は現地スタッフだった。つまり、スペイン人。こちらの勝手な思い込みで、少し仕事をすれば、休憩だ！　シエスタだ！　と言うのではないか？　夜遅くなったら、契約上仕事終了でーす！　なんて言うのではないかと思っていたが、そんな思い込みは完全に覆されることになる。

ロケの合間にゆっくり食事していると、俺たちは先に行って準備しておくからと言って、先に店を出る。その日のロケが終了し、ホテルに向かおうとすると、この坂を登れば、良い夜景が撮影できるポイントがあるが、行ってみないかと積極姿勢。

日本人は働き過ぎだよ、人生楽しんで、仕事なんてのんびりやろうぜみたいなことを言い出さないかなと内心少し期待していたが、文句ひとつ言わず仕事に邁進するスペイン人。これも良い発見になった。

バルセロネータという、ヨットハーバーがあるような海辺のエリアで、ビキニパンツのタトゥーをした男を発見。ビキニパンツのタトゥーだから、要は何も穿いていない。驚きの光景だったが、さらに驚いたのは、通訳の人にビキニパンツタトゥー男がバルセロナにもうひとりいると言われたこと。一体、どんな街なんだよ！

ロケバスが街中を走行中、横断歩道をひとりの男が歩いていたので、ロケバスは減速し横断歩道の手前で、停車した。セカンドバッグを脇に挟み、横断歩道を歩くおっさんに何気なく視線を移した。

嘘だ！　嘘でしょ！

横断歩道を歩く普通のおっさんと思いきや、なんとバルセロナでプレーしたのはもちろん、柏レイソルでもプレー、バロンドールも受賞したフリスト・ストイチコフだったのだ。

ストイチコフが普通に歩いていて、遭遇する可能性があるバルセロナ。

発見が多い街であることは言うまでもないが、スタッフのひとりが落とした財布は発見されなかった。


（マニアック指数87％）

ハートを鷲掴みにするイタリア国歌

――2012年7月10日号掲載

イギリスの音楽サイト『MusicRadar』が選んだ「ベストギターリフTOP50」の15位は、アメリカ出身のザ・ホワイト・ストライプスの曲『Seven Nation Army（House Mixバージョン！）』。

「♪オー、オッ、オッ、オッ、オーオ」

EURO2012でゴール後、スタジアムに流れるこの繰り返しがたまらない。バイエルンのホーム戦でも、ゴール後に流れるこの曲。ゴールの余韻が確実に増幅される。ゴールの瞬間、すでに私の脳内はこの曲待ちの状態になっている。

イタリアがワールドカップで優勝した時、この曲を大合唱して盛り上がったそうだが、結び付きそうにないものが結び付いて、より気持ち良いものになる異文化交流。おそらく作者は、サッカー場を盛り上げるために作ったわけではない。

しかし、サッカー界では、曲が別の表情を見せて、ひとり歩きを始める。

ベガルタ仙台のサポーターが試合前に歌う『カントリーロード』しかり、モンテディオ山形やファジアーノ岡山のサポーターが歌う『オーバー・ザ・レインボー』しかり。

作者も驚いているに違いない。

そんな私も、自宅テレビ観戦の際は、大声で歌い気分を盛り上げている。バルセロナ戦の時は、大声で『イムノ』を歌っている。デタラメ、ごまかし歌詞を雰囲気で歌い、最後だけ「バルサ！　バルサ！　バールサ！」と叫ぶ。

栃木SCのゲームを見る時は、大阪生まれ、東京在住にもかかわらず、栃木県民の歌を歌っている。

「♪栃木県　われらの　われらのふるさと」

〝ふるさと〟が増えた気分になる。

サッカーと歌の関係は大事だ。試合前の歌で究極なのは国歌だろう。選手の表情、緊張感溢れるスタジアム、そして国歌。今回のEUROでも満喫させてもらっている。

EUROには良い具合の国歌が多い。〝良い具合〟というのは、ブラジルみたいに長過ぎないということ。音楽が散々流れて、全選手の表情も映ってから歌い出すみたいな。なんだ、前奏かよ！　歌い出したら長いじゃん！　という感じの国歌は、EUROではあまり見られない。

フランスの国歌『ラ・マルセイエーズ』は気持ちが高揚する。曲が進むにつれて盛り上がっていく感じがたまらない。歌詞のないスペイン国歌もかなり好きだ。しかし、私のハートを鷲掴みにして離さない国歌は他にある。

それはイタリアだ。最初は音符も長めで、まさに歌という感じ。そして、途中から音符が短く、刻むようになり、テンポが上がる。そしてクライマックス。

いや、もしかするとイタリア国歌のこの部分だけが好きなのかもしれない。

最後の歌詞「♪l'Italia chiamo」の後の「♪Si」、これが実に良いんだ。「♪Si」と歌い上げた後、手を叩き、鼓舞する感じは、戦いに挑む空気に溢れている。心が揺さぶられる。

イタリアをそれほど応援しているわけではない。ただ、国歌は聞きたいので、できるだけ勝ち残ってほしいのだが……。


（マニアック指数70％）

バーゼルの途轍もない包容力

――２０１４年８月19日号掲載

柿谷曜一朗とバーゼルの取材で、スイスに行ってきた。到着したのは、ホーム開幕戦当日。街はホーム開幕を待ちわびたサポーターで大賑わいと思いきや、いたって静か。スイス・スーパーリーグで5連覇を達成し、チャンピオンズ・リーグに出場するようなチームのある街だけに、サッカー一色に染まっていても不思議ではないが、「○○商店街はバーゼルを応援します」のような旗が掲げられているわけではなく、駅前にユニホームを着た人たちが集まっているわけでもなかった。

街は静かで落ち着いていて、美しく、絵になる風景ばかり。老人も多く、ゆったりとした時間が流れていた。そんなバーゼルに住む人たちは優しい人が多かった。コーディネーターが道を尋ねると、ほとんどの人が親切丁寧に教えてくれた。

バーゼルのホームスタジアム、ザンクト・ヤコブ・パルクでのこと。ハーフタイムにスタジアムの外で煙草を吸っていると、スタジアムの中にいる警備員とボランティアの女性が私を手招きした。絶対に怒られるパターンだと思い身構えて近づくと、「ウチのスタジアムは中で煙草を吸っていいんだから、そんなところで吸わずに中に入れ」と

バーゼルのホームスタジアム、ザンクト・ヤコブ・パルク

言ってくれた。途轍もない包容力。人も街も余裕がある。

ただ、物価だけはかなり厳しい。ほとんどのものが、日本の2倍から3倍と言っても過言ではない。500ミリリットルのミネラルウォーターは300円から400円するし、スターバックスのサンドイッチは1000円オーバー。レストランで食事をする時は、高い緊張感を持ってメニューを見なければならない。そんな物価以外は（結構、大きな問題だけど）非常に居心地が良い。ザンクト・ヤコブ・パルクが素晴らしいスタジアムなのはもちろん、試合がない日でも多くの市民が集まる。ファンショップが併設されており、その横には自動車販売店。スタジアムの地下にはショッピングモール。高齢者向けの住宅もある。

そんな場所では、今季から監督に就任したあのパウロ・ソウザが自転車に乗って、練習場に向かう場面に出くわしたりするばかりか、気軽に挨拶もしてくれる。実にフレンドリー。バーゼルというクラブが、街や住民に見事に溶け込んでいる。

そんなクラブに加入した柿谷は、ホーム開幕戦でベンチ外となった。しかし、サポーターの期待感は高まっているようで、私を見かけると、日本人つながりで「カキタニ！（タにアクセント）」と声を掛けてくる人が多数。インターネットなどで柿谷のプレーをチェックしているとも話してくれた。

現地で試合を見た限り、ボールを大切に運ぼうとするパウロ・ソウザ監督のスタイルに、柿谷は難なくフィットするはず。そして国内リーグで結果を残せば、チャンピオンズ・リーグへの出場と活躍の期待も高まる。結局、現地で柿谷のプレーは見られなかったが、良いクラブと良い街を選択したような気がした。


（マニアック指数70％）

いいぞ、シメオネ！

――2015年2月12日号掲載

かつてリーガ・エスパニョーラで見たシーンをいまだに忘れることができない。CKの時だった。

コーナー付近で両チームの選手が交代出場の準備のためアップをしていた。そしてCKを蹴ろうとした瞬間、アップをしている中の選手のひとりが、キッカーに少し近寄り、ボールを蹴る瞬間にさらに一歩踏み出し、キッカーにプレッシャーをかけた。実際にはそれほどプレッシャーはかかっていない。けれども、その行為の幼稚さとバカバカしさがあまりにも面白く、サッカーを見ながら腹を抱えてしまった。

その犯人とはディエゴ・シメオネ。その後、シメオネは試合に出ることもなく、少し身体を動かし、相手を少しびっくりさせただけで帰宅した。シメオネは善玉か悪玉かと言われれば、確実に後者。ヒールである。だが、ヒールの立場がはっきりしているほど、ベビーフェイスがより際立つ。ピッチが面白くなる。嫌われることを厭わず、闘志を剥き出しにして戦う。なおかつ悪そうな、泥臭そうな面構えがさらに良いのである（こういう選手がJリーグにもっと出てきてほしいと願っている）。

そんな面構えがゆえに、監督になろうとは想像もつかなかった。しかし、現実は監督になったばかりか、アトレティコ・マドリーを素晴らしいチームに作り上げ、タイトルをもたらした。シメオネの指揮するA・マドリーはピッチ上の選手が労を厭わず走り回り、相手に襲い掛かり、ボールを奪えばスピーディに相手ゴールに向かう。その様子は、フィールドプレーヤーの10人が、ひとつの生き物のようにも見えてくる。

そしてチームを操るだけでなく、ホームスタジアムのビセンテ・カルデロンの観客をも情熱的に操る。大きなジェスチャーで観客を煽る姿は、指揮者そのものである。仏頂面でピッチを眺めるわけでもなく、スタイリッシュなスーツと振る舞いで格好をつけるわけでもなく、情熱でフィールドとスタンドを巻き込んでいく。

先日のコパ・デル・レイ5回戦のファーストレグ、ダービーとなった対レアル・マドリー戦でも、ビセンテ・カルデロンを熱狂させた。A・マドリーがゴールを決めると渾身のガッツポーズ。そして、その後は決まってボールボーイがシメオネに抱きついた。なんだ、ボールボーイに優しいんだな、シメオネ。良いおじさんではないか！　と思っていたが、なんとこの少年が息子のジュリアーノというではないか！　公私混同も良いところ。いいぞ、シメオネ！　監督の特権の使い方が実にバカバカしくていいぞ！　愛すべきキャラクターだ。

（マニアック指数70％）

日本サッカーを支える「縁の下の力持ち」

――2013年6月25日号掲載

6月4日、日本代表がワールドカップ出場を決めた日、大阪のなんばグランド花月で行われたパブリックビューイングに参加。劇的な試合展開ということもあり、満席の会場は大盛り上がりで幕を閉じた。舞台上でゲームを見ながら頭の中に浮かんでいたのは、オーストラリアに逆転負けを喫したドイツ・ワールドカップのことだった。

ケイヒルが映し出されるたび、コーナーフラッグ付近でのシャドーボクシングが思い出された。昨日の晩ご飯のメニューなんてすぐ忘れてしまうのに、7年前の映像が頭にこびりつくとは。私の脳にとって、相当衝撃的なことだったのだろう。

その24時間前、6月3日の午後10時頃、ギラヴァンツ北九州に敗れ、少し重苦しい雰囲気の西京極のスタジアムを歩いていると、ひとりの京都サンガF.C.サポーターに声を掛けられた。

「せっかく来ていただいたのに、良いサッカーを見せられなくてすみません」

サッカーや京都に対する彼の想いが痛いほど伝わってきた。応援する芸人が舞台でウケなかったからといって、隣の客に謝るファンなんていない。好きな歌手が歌詞を間違えたからといって、謝るファンなんていない。彼にとって、京都は人生の一部で、京都のサッカーは誇りなのだ。

そんなサポーターの想いが積み重なって、ワールドカップ出場にまでつながっていることは言うまでもない。

スタジアムが重苦しい雰囲気になるかどうか誰にも分からなかった午後8時半頃、両チームのチャントがスタジアムに響いていた。この日、私の脳にこびりついたのは次のチャント。

♪奴らの息の根を止めるまで　俺たちの歌が届くまで　オー北九州　見せてくれすべてを♪

人数は決して多くなかったが、アウェーゴール裏から聞こえるこの歌がなぜか頭から離れない。テンポの良いチャントは他にもたくさんあったが、この歌の繰り返しはじわりじわりと効いてくる。そして、何度繰り返されても飽きない。インドカレーではなく日本のカレー。宵越しでも食べられるチャントだった。

試合開始前の午後6時頃。次第に人が集まり始める西京極は良い雰囲気で、試合前も十分に楽しめた。グッズ売り場や屋台で人が集まる一角に、少し寂しい場所があった。おばさんがブルーシートを広げ、そこに参加しているのは子どもひとり。一体、なにをやっているのか?

おばさんはボランティアで、子どもを楽しませるために、紙で魚を作り、魚の頭の部分をクリップで挟み、磁石の付いた竿で魚を釣るという、陸サーファーならぬ陸釣り堀を開催していた。魚の名前がゴマさばとか、ほうぼうとか渋い魚なのがたまらない。

おばさんはサッカーのことはあまり知らないかもしれない。でも、子どもたちを楽しませながら、サッカーを盛り上げてくれている。

そして、こういう人たちが日本のサッカーを支えている。

「おばさん! 日本代表がワールドカップ出場を決めましたよ!」

(マニアック指数85%)

「736人」以外の過ごし方はいかに？

――2014年6月17・24日号掲載

この地球上で、どれだけの人がサッカーを楽しみ、プレーしているのだろうか？　何人のプロサッカー選手がいるのだろうか？

どれだけサッカーを愛しても、どれだけトレーニングに励んでも、ブラジル・ワールドカップの舞台に立つ権利を持っているのは、23人×32か国＝「736人」だけである（数字にしてみると、意外と多い気もするけど）。夢の舞台に立てないサッカー選手のほうが断然多い。

マンチェスター・Cのサミア・ナスリはディディエ・デシャン監督率いるフランス代表に選出されなかった。

巧みにボールを扱い、タメを作り、正確なパスを出す。ナスリをワールドカップで見られないのは少し残念な気もする。

しかし、残念なんて言葉で済ませられなかったのは、恋人のアナラ・アタネスだ。自身のツイッターに「くそフランス、くそデシャン、なんて最低な監督なの！」と呟いた。「お前のかあちゃん、で～べそ！」と同程度のツイート。なんてファンキーなモデルと付き合っているんだナスリ！　しかし彼女の怒りは収まらない。

さらに「ちゃんと私のツイートを読んでいない人のために、もう一度書くわ。くそフランス、くそデシャン！」。

再度書くなら、怒りの度合いが増した文か、言い方を変えるかと思いきや、ただ繰り返しただけという怒り心頭具合。彼女の怒りが本気なだけに、笑ってはいけないと思いながらも大笑いしてしまった。

それに対して、ナスリはツイッターで、「愛しているよ。動揺しないで。人生は時々アンフェアなんだ。だけどそれを受け入れて、対処しなければならないんだよ」。時折、大人げないプレーを見せるナスリとは思えない返答。

こんな大人な対応をもう少し早くデシャン監督に見せていたら、メンバー入りがあったかもしれない。

次のワールドカップでナスリがフランス代表に選出されたら、彼女はどんなツイートをするだろうか？「ナスリとのバカンスの予定が狂っちゃったわよ、くそ監督！」。今後はナスリのプレーと、彼女の発言から目が離せない。

母国ブラジルでの祭典で代表から漏れたロナウジーニョは、自身の豪邸を貸し出すらしい。

プールや音楽を演奏するステージがあり、一度見てみたい気もするが、1日3万

4350レアル（約160万円）はかなり高価。たぶん温泉はないだろうし、夕食に朴葉焼きも出てこないだろうから、これは遠慮しておこう。

日本代表に選ばれなかった浦和レッズの原口元気は、活躍の場をドイツのヘルタ・ベルリンに移し、セレッソ大阪の南野拓実はU－19代表としてUAE遠征で汗を流す。ズラタン・イブラヒモビッチ（スウェーデン代表）やガレス・ベイル（ウェールズ代表）はワールドカップ期間中、なにをしているのだろう？

（マニアック指数60％）

開催中のJ2で未来のスターを探せ

――2014年7月7日増刊号掲載

ラダメル・ファルカオがコロンビア代表の23人から落選した。1月に左膝の靭帯を断裂し、リハビリを行ってきたが間に合わなかった。

ゴール前で彼からボールに寄っていくのか、ボールが彼に吸い寄せられていくのか分からないが、ゴールの嗅覚を持つ男である。

ペナルティエリア付近で、優れた身体能力と冷静な判断力を駆使し、ゴールを量産するアタッカーがワールドカップに出場できないのは残念だし、日本と同グループということもあり話題にもなった。

しかし、私と一部の徳島県民にとってもっと残念なニュースが飛び込んできた。

かつてJ2時代の徳島ヴォルティスに在籍し、今シーズンはCSKAモスクワでリーグ優勝と得点王のタイトルを獲得したセイドゥ・ドゥンビアがコートジボワール代表から落選してしまったのだ。

徳島に在籍した期間は短かったものの、信じられないようなスピードでピッチを駆け抜けるドゥンビアのプレーは、一瞬にして徳島の人たちの心を掴んだ。

在籍中にコートジボワール代表に選ばれるなど話題になったドゥンビアはその後、ヨーロッパに活躍の舞台を移した。そして、ワールドカップでコートジボワールが日本と対戦するばかりか、その日本代表には、徳島で蘇り、徳島への感謝の気持ちを忘れない柿谷曜一朗がいるのだ。

遠いブラジルの地で行われる〝プチ徳島ダービー〟、いや〝美濃部ダービー〟を今回のワールドカップのひとつの楽しみにしていたのに……。少し残念なニュースだった。

ご存じブラジル代表のフッキもJ2で活躍していた選手。

あらゆる面で本当に規格外だった。筋肉も態度もキックしたボールのスピードも。味スタで観たミドルレンジからのFKには度肝を抜かれた。ゴールの枠を外れたボールは、放物線を描かずに、右肩上がりでどんどん伸びていったのだ。スタジアムが西が丘なら、ゴール裏の観客が病院直行の事態を招いたかもしれない。そんな恐怖さえ感じさせるプレーぶりだった。

オーストラリア代表のマーク・ミリガンもJ2経由。ロングスローの飛距離は相当なもので、204センチのオーロイへのスローインは迫力満点だった（ちょっと懐かしい）。ボールが濡れていると滑って思いどおりに投げられないということで、投げる前に用意していたタオルで丹念にボールを拭くミリガン。しかし、相手チームの選手にそのタオルに水を掛けられるという踏んだり蹴ったりな事態にも遭遇した。ブラジルでは、どこまでスローインを飛ばすだろうか?

韓国代表のパク・チュホも水戸ホーリーホックでプレーしていた。そして、今回の日本代表も13人がJ2経験者。

ワールドカップ期間中も開催しているJ2の中に、次のワールドカップの舞台に立つ選手がきっといるに違いない。


(マニアック指数65%)

本物か？　偽物か？

――２０１４年７月１日号掲載

スペイン、バルセロナのカタルーニャ広場からコロンブスの塔までつながるランブラス通りには、土産物屋、花屋、カフェ、レストランなどたくさんのお店があり、地元の人や観光客でいつも賑わいを見せている。なにも買わず、なにも食べなくても歩いているだけで楽しい。人が集まるということでスリも多いそうだが、大道芸人も多い。奇抜なものから、まったく動かない系まで様々なパフォーマンスを見られる。

そんな中、それほど大賑わいではないが、ちょろちょろと人を集める小さなおっさんがいた。偽メッシである。誰が見てもメッシと間違えるというほど似てはいない。言われてみれば、という感じだ。しかし、このおっさんのメンタルの強さは本物以上かもしれない。本気のパフォーマーが居並ぶ通りで、バルセロナのユニホームを着て、リフティングもなにもせず、ただ観光客と写真を撮って、幾ばくかの金銭を得ようとする。その図太さは賞賛に値する。しかし、このおっさん、ＧＫのピント似で生まれてきたら、一体どうしていたのだろうか？

本物のメッシのいるアルゼンチンの練習場に現れたのが偽ロナウジーニョだ。これま

バルサのユニホームで小銭を稼ぐおっさん。その図太さは称賛に値する

た、あまり似ていない。そして、最終的には警備員につまみ出されるというお決まりのパターン。ただ、これが偽マクスウェル、偽オスカールだったらどうなったのだろうか？　ロナウジーニョほど特徴的ではない風貌の場合、真偽の判定が難しい。マクスウェルやオスカールに似ている人は結構いるような気もするし、本物のマクスウェルがアルゼンチンの練習場に来る可能性だってゼロではない。これは想像でしかないが、練習場や試合会場で警備員につまみ出されそうになった本物の選手がきっといるに違いない。

「偽9番ではダメだ！」と怒っているのは元ドイツ代表の守護神カーン。1トップにFWではない人間を据える戦術では、ドイツ本来の試合運びができないと怒っているのだ。だが、ここ最近、いわゆる「9番」の選手が少なくなっているのも事実。中央でくさびを受けてタメを作り、相手のラインを押し下げて中盤にスペースを作り、最終的にはゴール前で勝負する。そんな純正9番にはなかなかお目にかかれない。いや、守備戦術の向上もあり、9番的選手が生き残れない時代になったのではないだろうか？

だからこその「偽9番」の台頭である。岡崎慎司は右サイドにポジションをとり、ハードワークも厭わず、守備にも奔走するが、決定的な場面ではゴール前に顔を出すいわゆる「偽9番」。なのに背番号は「9」。こうなると、なにが本物でなにが偽物かもう分からない。メッシも「偽9番」なので、冒頭のおっさんは「偽9番」のニセモノである。

（マニアック指数80％）

選手入場に見るチームのヒエラルキー

――2014年7月8日号掲載

タクシーの運転手のおじさんは、突然テンションを上げて話し出した。

「ほんと、バスガイドって、年寄り多いよね！」

6月15日、日本対コートジボワールが行われる1時間ほど前の話。新宿から自宅に向かうタクシーの車中、徐々に増え始めた青いユニホームを着た若者を見て、「みんなサッカー好きですね」と運転手のおじさんに話しかけたのだ。

しかし、それほど食いついてこなかった。客との会話を取り繕うように、なんとか薄い知識でサッカーの話をしてくれてはいたが、次第に会話はフェードアウトした。

そして、突然テンションが上がったのが冒頭のバスガイドの話である。最近、組合のようなもので旅行に行ったが、バスガイドの方があまり若くなかったことにご立腹のおじさん。歌は上手かったけど、車内でバスガイドさんにビールを配られても、あまり嬉しくなかったそうだ。きっと、バス会社に払うお金をケチったに違いない。

「もう、俺はあのメンバーで旅行には行かない」。私の自宅までおじさんの恨み節は途切れなかった。

ただ、おじさんの話が面白過ぎて、聞きたかった質問をひとつ忘れてしまった。

「おじさん、バスのどのあたりに座っていたんですか？」

観光旅行に修学旅行、サッカー選手のバス移動。集団でバスに乗る時の席順。これが結構面白い。どこに誰が座るかで、その集団のヒエラルキーが見えてくる。

新人が最後部の座席に座ることはない。同じ学年の修学旅行なら、前には学級委員、後ろには番長かクラスの人気者かお調子者。誰が指示するわけでもなく、人間関係がそこに自然と出てくる。

そして、サッカーの選手入場の順番も、チームのヒエラルキーを感じさせる。

ブラジルの先頭はT・シウバ。最後はネイマール。日本の先頭は長谷部誠。最後は本田圭佑。なんとなく納得な感じである。

イタリアの先頭はピルロ。そして最後に出てきたのはカンドレーバだった。ここに、カンドレーバのイタリアでの立ち位置が垣間見える。

番長然としたいバロテッリが一目置いているのがカンドレーバなのだ。カンドレーバ兄さんに頭が上がらないなにかがあるのだ。また、そうしておくことで事が上手く運ぶのだろう。事実、カンドレーバ兄さんはバロテッリに絶妙なクロスを上げ、ゴールが決まった。

C・ロナウドやメッシはキャプテンマークを巻き、先頭に立ってはいるが、最後尾感が強い。

オランダの最後尾はスナイデル。うんうんと納得できる。

ドイツの最後尾はエジルで、へーそうなんだという感じだった。

シャビやイニエスタのように、そんなこと気にしない感じもかっこいい。ちなみに、スペインの最後尾はシルバだった。

（マニアック指数70％）

機能的かどうか。それが問題だ

――2014年7月15日号掲載

中学校のサッカー部のサッカーパンツは長めのパンツ、通称ロンパンだった。長ければ長いほど、ぶかぶかであればぶかぶかであるほど不良性を感じさせ、かっこいいとされていた。

たぶん、不良が太い学生ズボンを穿くのと同じ理由だと思うが、なぜそれがかっこいいと思ったのか明確な理由は分からない。

首が長いほうが美人という国もあるし、尻がでかいほうがセクシーという国もあるけど、その明確な理由がよく分からないのと同様である。

その後、高校のサッカー部に入ると、サッカーパンツが短くなった。誰も見ていないし、誰も気にしてはいないが、ちょっとだけ恥ずかしかった。

ユニホームやサッカーパンツなどにも世の中のファッション同様、流行がある。神の手で飛び上がった時のマラドーナや伝説のFKを決めた時の木村和司氏が穿いていたサッカーパンツはかなりショートだった。

ただ、流行り廃りがあろうとも、なによりも大事なことは、その競技をするうえで機能的かどうか、である。

そこで、ウルグアイ代表のカセレスである。彼は、いつもサッカーパンツがロングなのだ。かなり長い。マラドーナのサッカーパンツの2・5倍ほどの長さはある。

長いのに腰ばきにするので、サッカーパンツの下の部分が膝を覆っている。タイの軽量級ボクサー並みだ。プレーしづらくはないのか？　サッカーパンツが足にまとわりつきそうで、見ていて少しイライラする。

そして、そのまとわりつきを防止する目的ではないと思うが、ストッキングは膝の上まで上げるので、サッカーパンツとストッキングで足が隠れて、足の肌の部分が見えないのだ。足が見たいわけではない。オリジナリティもあって、他の選手との見分けもつきやすい。ただ、機能的なのか、プレーしづらくないのかと考えてしまう。

あの着こなしは、親が大正生まれなら、正座させられ、1時間説教に違いない。しかし、ロンパン文化で育った私にとっては、少し懐かしく、かっこよく思えたのも事実。

仮に、カセレスがマラドーナのようなピッチピチのサッカーパンツを穿いたら、見ているほうが恥ずかしい思いをするだろう。

ドイツ戦で、ハードワークしていたガーナのムンタリの後半のサッカーパンツの状態が、また面白い。尻の部分のサッカーパンツが下がり、下に穿いている白いパンツがむき出しのままプレーしていた。明らかに意図的に白いパンツをむき出しにしていた。

尻に熱がたまるため、冷却していたのだろうか。新手の幻惑作戦なのか、まったくパンツを直す素振りを見せなかった。ただ、そういう状態でプレーしたことがないので、機能的かどうかは分からないが、流行の気配はまったく感じなかった。

（マニアック指数85％）

心配そうな表情がたまらなく美しい

――2014年7月22日号掲載

あるJリーグの中継開始15分ほど前、サブと呼ばれる部屋の映像モニターには、スタジアムに配置されたカメラから送られる様々な映像が映し出されていた。

そのひとつのモニターにふたりの女性が映っていた。ひとりは少し太めの女性。そしてもうひとりは、かなり美しい女性だった。

カメラマンが放送前に練習をしていたのだ。番組が始まると、スタジアム全体を映し、そこから盛り上がるゴール裏全体へ。そして、じわりじわりとゴール裏に寄っていき、最後はその美しい女性のワンショット。

ユニホーム姿が似合う綺麗な女性は、私を映してくださいと言わんばかりの綺麗さだった。何度も練習を繰り返すカメラマン。練習は完璧だった。

そして、放送スタート。盛り上がるサポーターが映し出され、次第にカメラはゴール裏に寄っていく。そして、ワンショット！　と画面に大きくアップで映し出されたのは、横の少し太めの女性だった。

サブのスタッフが吉本新喜劇ばりのリアクションをとったことは言うまでもない。まさに、自分たちの力が出せなかった瞬間だった。

ワールドカップで映し出される女性も綺麗な人ばかりだ。チリ、コロンビア、イタリア、メキシコ、どの国も美しい女性連発。応援するチームが劣勢で、最初は不安そうな表情が映し出されるが、映っていることに気付き、パッと明るい表情になる瞬間がたまらない。

美しい女性が無邪気にはしゃいでいる様子は、湿気の多い国で、夜中にひとりでサッカーを観ているおっさんの顔の筋肉を緩めてくれる。

テレビだけでなくインターネットや雑誌にもたくさんの美人サポーターが写っている。こちらも、なかなか楽しませてくれる。

ワールドカップほどの世界的な大会になると、取材申請の数は半端なく多い。そして、厳しい。その厳しいところをクリアして、ワールドカップにカメラマンとしてスタジアムに行ったにもかかわらず、選手ではなく綺麗な女性ばかりを探している。そんな人間らしい、いやバカっぽい、いやスケベなカメラマンのことがたまらなく好きだし、想像すると面白い。

世の中が進化し、ゴールラインテクノロジーなどという、高価な転ばぬ先の杖のようなものが導入されても、美人発見カメラテクノロジーは開発してほしくない。これこそ、人間の人間臭い楽しみのひとつなのだ。

決勝トーナメント1回戦。ベルギー対アメリカで映し出されたアメリカを応援している美しい女性の心配そうな表情がたまらなかった。

もしかしたら、映っていることに気付いていたかもしれない。しかし、彼女はそんなことに構う余裕などなかった。最後まで諦めないアメリカの姿勢を心の底から応援するような表情は、本当に美しかった。

（マニアック指数75％）

フル装備のご婦人に思わず腰が浮く

――2014年7月29日号掲載

喫煙所に行くと、ふたりの男が煙草を吸いながら仕事の話をしていた。たぶん、その現場で、上から2番目と3番目ぐらいのポジションの人間だろう。文句というより、前向きな感じで仕事の話をしていた。

片方の人間の携帯電話が鳴り、彼は電話の相手に、自分たちが喫煙所にいることと、そこに来るようにと伝えているようだった。

数分後、彼らより下の立場であろう電話の相手が喫煙所に姿を見せた。身長はそれほど高くなく、頭髪はやや薄い。そして、その薄さを隠すのではなく、髪を相当短く刈り込んでいた。

そんな彼を見た瞬間、先に喫煙所にいた先輩は声を掛けた。

「よっ！　ロッペン！」

はっきり言って、まったくロッペンに似ていない。仕事をこなすスピードが途轍もなく速いから名づけられた可能性は否定できないが、かなりの高確率で頭部の雰囲気からそう呼ばれるようになったに違いない。呼ばれた側も否定する様子もなく、ロッペンと呼ばれることを受け入れていた。

4年に一度の祭典は、日本にも定着した。

私が子どもの頃、ひげ面のおっさんに「ブライトナー」とあだ名をつけても、まったく広がりもしなかっただろう。

しかし、ワールドカップが市民権を得た今の日本では、酒に酔うと誰かれ構わず噛む癖のある人は「スアレス」と呼ばれているはずだ。

パーマをかけたクリーニング屋のおばちゃんは「ダビド」または「ルイス」、あるいは「オチョア」と呼ばれ、パチンコ屋に毎日来る顔も身体もでかいお兄ちゃんは、店員に陰で「ドログバ」と呼ばれているに違いない。

ワールドカップが定着したことを実感する日本代表の試合当日。たくさんの青い代表のユニホームを着た人たちを見かけた。夫婦であろう50代ぐらいの男女も代表のユニホームを着ていたが、気合が入っているのはご婦人のほうだった。そのご婦人はフル装備。フル装備とは、ユニホーム＋サッカーパンツ＋ストッキング。

その姿で電車に乗り込んできたのを見た時は、座っていたシートから少し腰が浮いた。

ワールドカップ期間中、世の中の流れに乗り遅れまいと、店員全員が代表のユニホームを着ている場末のスナックのママのようだ。でも、そのご婦人、旦那との会話があまりないのか、日本代表の試合に対する緊張感なのか、代表フルスペック状態にもかかわらず、一言も声を発することなく、黙って電車の外の風景を見つめている姿が、余計におかしさを増幅させていた。

試合が面白いのはもちろん、ピッチ外でもこれだけ面白さを提供してくれるワールドカップ。これが毎年あるとなると身体が持たないけど、終わるとなるとやはり寂しい。

そして、もうロシアが待ち遠しい。

（マニアック指数85％）

日本から「噛みつきくん」は育たない?

——2014年8月5日号掲載

ハメス・ロドリゲスをかっこいいと言い、ハメちゃんと呼んでいる私と同年代の女性は、もうすでにルイス・スアレスの名前を忘れてしまっているが、自分で勝手に「噛みつきくん」とあだ名をつけ、太陽が燦々と降り注ぐ真っ昼間にもかかわらず、突如こんなことを言い出した。

「噛みつきくん、セックスの時、絶対に噛むよ!」

決勝終わりの恍惚感と、この1か月続いた時差ぼけのような脳をさらに揺さぶってくれた。でも、もしスアレスがセックスの時、まったく噛まずに終始ソフトタッチで終わったら、「噛まへんのかい!」と女子も突っ込むでしょと言いながら、揺さぶられた脳で別のことを考えていた。

子どもが自分の意思を伝え切れなくて、癇癪を起こし噛みつくのは理解できる。ただ、いけないことだとたしなめられ、そして意思を伝える術を次第に手に入れ、大体人は「噛みつきくん」を卒業するはずだ。しかし、スアレスはいまだに現役「噛みつきくん」。きっと、サッカーを始めた子どもの頃から敵に噛みついていたに違いない。周囲に怒った大人もいただろう。しかし、そんなマイナス面を大きく補うサッカーの上手さがあった。だから、周囲の人も噛みつきは悪いことだと分かっていながらも、優れた才能が伸びることを望んだ。そして、世界的にも屈指のストライカーとなった。

こんな万能型のストライカーがいれば頼もしいに違いない。しかし日本には、上手くいかないからといって噛みつくようなハチャメチャなストライカーはきっと出てこないだろうし、いくら才能があっても、ワールドカップで相手を噛むような選手が自国の代表チームにいるのはちょっと恥ずかしい（でも見てみたい）。

世界には様々なサッカーがあり、選手がいる。「噛みつきくん」の名づけ親と会話をしながら、本当に世界は広いなーと考えていた。

「日本のサッカーって、90分間ずっと頑張って走るんですね」と私に言ったのは、あまりサッカーに詳しくない日本とスイスのハーフの女性。彼女の目に日本サッカーはそう映ったようだ。一生懸命さは伝わったが、頑張り過ぎで手を抜くところは抜けばいいのに。そして、合理的ではないとも感じたようだ。

日本人の勤勉さが良い意味でも、悪い意味でも、意識しようがしまいが出てしまうようだ。でも、そこがワールドカップの面白いところ。それぞれの国民性の詳しいことなど分からないけれど、ゲーム運びや選手の動き、サポーターの表情などからお国柄が見えてくる。または見えたような気になるのが楽しい。そしてワールドカップともなると、普段あまりサッカーを見ない人がサッカーを見るので、いつもとは違った意見や考え方を聞くことができる。

得てして、そんな人のサッカーに対するピュアな考えや意見が的外れではないことも多い。サッカーを知らない人とサッカーの話をするのも面白い。

（マニアック指数80％）

第10章
東奔西走の日々

Tシャツが呼び寄せた奇跡

——書き下ろし

正確な日時は忘れたが、けっこうな昔の話。埼玉スタジアム２００２で行われる浦和レッズ対横浜Ｆ・マリノスのゲームに行くことになった。

この試合はＴＢＳで生中継される。その中継の副音声のゲストに呼んでいただいた。私はたいした意図もなく、大いなる野望もなく、ある一枚のＴシャツを着てスタジアムに向かった。

胸に「Ｆｏｏｔ！」と書かれたＴシャツ。この文字やデザインは分かる人には分かる。分からない人にはまったく分からない。『Ｆｏｏｔ！』とはＪ ＳＰＯＲＴＳのサッカー番組。当時のＭＣは倉敷保雄氏。サッカーのマニアックな情報を、私が大好きなスペインのサッカー情報を、毎週放送してくれていた。

この番組が大好きだった私は、生ではなく収録されたもので、かつ何度もリピート放送されることを分かっているのに、初回放送の時間に家に帰り、必ず見ていた。

この番組は年に一度か二度グッズを作る。Ｔシャツ、タオル、カジヒデキ作のテーマソングが入ったＣＤ、冊子などなどがセットになったものが売りに出される。セットの中身はマニア垂涎のものから、マニアでもついていけないようなものもあったが、新しいグッズが発表されるたびに購入していた。

埼玉スタジアム２００２で着用していたのは、そのグッズの一部のＴシャツである。基本的にサッカー中継なので、放送席は映らない。副音声だからなおさらだ。容姿が映ったのは、本放送開始前に流れる数秒のジャンクションだけ。

ジャンクションとは「この後は○○○○！　お楽しみに！」と出演者がこの後始まる番組を短く告知するもの。本当に一瞬だ。

ただ、その一瞬が奇跡を起こす。この一瞬を『Ｆｏｏｔ！』のスタッフの女性が見ていたのだ。『Ｆｏｏｔ！』のＴシャツを着たおっさんがテレビに出ている。一体誰なんだ？　面白いから一度番組に呼んでみよう！

本当にこの一瞬をきっかけに大好きな番組に出演することになった。

テレビで分かったような顔をしてＪリーグのことを話してみたり、各地のスタジアムを行脚してみたりしているが、そもそもの始まりはこの一瞬。

女性のスタッフが気付いてくれたから、その後もＪ　ＳＰＯＲＴＳの番組に呼んでいただいたり、スカパー！でワールドカップやＪリーグのハイライト番組に出演したりするようになった。

だからＴＢＳにもＪ　ＳＰＯＲＴＳにもスカパー！にも、さらにはサッカーやＪリーグにも勝手に恩義を感じている。

あの日、あのTシャツを着ていなかったら、女性スタッフが気付いてくれなかったら、今頃何をしているだろう？　サッカーは絶対に見ていると思うけれど、こんな文を書いていることもなかったし、この本が世に出ることもなかった。

東奔西走の日々は、あの一瞬が始まりなのです。

（マニアック指数95％）

栃木のタクシーで聞く深い言葉

――2019年4月11日号掲載

「グリーンスタジアムまでお願いします」

栃木県グリーンスタジアムに向かうため、宇都宮駅からタクシーに乗車する。

「横浜から？」

その日、栃木SCの対戦相手が横浜FCだったからだろう。運転手のおじさんがそう問いかけてくる。横浜からではないと伝えると、おじさんは栃木SCについて話し始めた。

開幕から2試合でまだ勝利がないこと。2節に水戸ホーリーホックとの北関東ダービーに敗れたこと。息子さんが子どもの頃、現在栃木SCに所属する西谷兄弟と一緒にプレーしていたこと。今日の試合は車の中でラジオの生中継を聴き、帰宅後に「とちぎテレビ」の録画放送を観るつもりだということ（後で確認したところ、この日の夜はBリーグの栃木ブレックス戦が放送されていたけど、結局、おじさんはテレビでバスケットを観たのだろうか？）。

と、ここまでは事実に基づく話だったが、次第に独自の見解が加わっていく。栃木S

Cは一度負け始めると止まらなくなる。今年は勝点50を取れれば御の字だ。シュートが入らない。もうちょっとクラブにお金があれば良いフォワードが取れるのに……。

だんだん愚痴っぽくなってきたので、ネガティブな意見にはフォローを入れる。別にそこまでしなくてもいいのだけれど、栃木訛りのサッカー話が面白くて、頃合いを見て相槌を入れながら話に耳を傾けていた。

すると道中も3分の2を過ぎたあたりで、はたとおじさんは私のことに気付くのだ。そして、なぜか突然、話題を栃木SCからアンドレス・イニエスタに切り替える（その行き先変更ぶりがかなり面白かった）。

「あのイニ、いやイエ、イエス……」「イニエスタです」「そのイニエスタっていくらもらってるの?」「1年に32億とか33億とか」「何試合で?」「リーグ戦だけなら34試合です」「1試合でシュートは何本打つの?」「3本ぐらいですかね」

……おじさんは黙った。脳内そろばんを弾いているように見えた。すると、遠くを見ながらこう呟くのだ。

「お金のないチームが勝つところ、見たいよね」

数分前まで栃木SCのことを愚痴っていた人とは思えない、深い言葉である。遠回りになってもいいから、もう少し話を聞きたかった。

（マニアック指数93％）

フォルランとボクと、時々、オトン

――２０１４年４月29日号掲載

オカンとアニキは巨人ファン。オトンは大洋ホエールズファン（いまだ理由は不明）の家庭環境に育った私は、大阪人ながら当たり前のように巨人ファンになった。小学生の時、ジャイアンツカラーの自転車を買ってもらうつもりで、オトンと自転車屋に行くも、自転車屋には泥除けに「22」と田淵幸一の背番号が書かれたタイガースカラーの自転車しかなかった。嫌な予感がした瞬間に、オトンはもう言葉を発していた。「これ買うわ！」。

これ買うわじゃねーよ！　巨人ファンの俺が黄色と黒に染まった街をタイガースカラーの自転車で走るというのか！

とにかく恥ずかしかった。誰にも見られたくなかった。誰も見てないけど、若干、耳が赤くなっているような気がした。

先日、久々に大阪に行った。その日の阪神対ＤｅＮＡ戦に関する新聞のテレビ欄が最高だった。「先発は、ドラフト6位ルーキーの岩崎優！　イワサキではなくイワザキと読みます」。そして「マートンもエエけどゴメスもエエ感じやん」。オトンを含め、家族全員が阪神ファンだったら、子どもの時に余計な恥ずかしさを感じる必要はなかった。

そして、もっと早いうちから、このタイガースワールドに浸ってみたかった。

さて今回、大阪に行ったのは、4月27日にスカパー！で放送される『12時間フォルラン祭り』の中の、フォルラン独占インタビューを撮影するため。ヨーロッパのサッカーシーンでプレーしていた頃から現在の話まで、フランクに話してくれたので、是非ご覧ください。

その撮影が行われたのは、セレッソ大阪のクラブハウスや練習場がある大阪の舞洲。

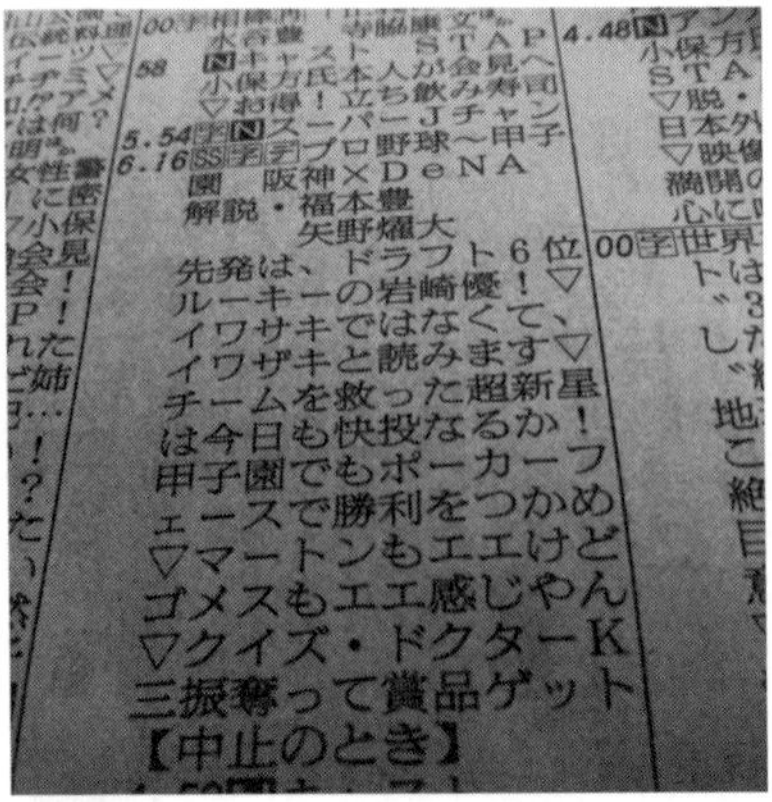

タイガースワールドどっぷりな、新聞のテレビ欄

もちろん、ここまで来たら練習も見たくなる。そして、見たくなるのは私だけではない。噂には聞いていたが、平日にもかかわらず、朝早くからたくさんの人が練習見学に集まった。300人いや、もっといただろうか。それでも柿谷曜一朗は、今日は少ないほうだと言っていた。

これまた噂に聞いていたが、女子の数も多かった。ただ、平日ということもあってか、国民総生産に寄与しているような大人の女子が多かった。

かなり早くから来ていた20代ぐらいの女子ふたり組に「ご近所さん?」と訊くと、「徳島です」と答えが返ってきた。朝、5時半に徳島を出たそうだ。でも、疲れた様子はまるでなく、本当に楽しそうな表情をしていた。

アラフォーだと言っていた女性は、少し高そうなカメラで熱心にフォルランを追いかけていた。

5歳の子どもと赤ちゃんを抱いた30代ぐらいの女性に声を掛けられた。ガンバ大阪の地元、吹田在住ながらセレッソを応援しているという女性はこう言った。「私、高槻病院で働いていたんです」。

そのひと言で、すべてを察した。

タイガースカラーの自転車を買った、今は亡きオトンが入院していた病院だ。一気に大阪感が、地元感がのしかかってきた。私は女性に感謝の気持ちを伝えた。そして、こんな出会いをくれた、C大阪やフォルランにも感謝した。フォルランとボクと、時々、オトンな大阪だった。


(マニアック指数85%)

静岡ダービーの熱狂が帰ってきた

——2017年4月27日号掲載

掛川インターチェンジを降りて、法多山尊永寺に向かう道はそれほど交通量もなく、実に快適。そのお寺は静岡県内では厄除けで有名で、県民ではない私も前厄、本厄、後厄と3年連続で足を運んだ。立派な佇まいのお寺で、最高のパワーをもらえそうな気もしてくる。名物は、厄除団子。5本の串に刺さった小ぶりの団子に、程よい甘さのこし餡がたっぷり載っている。甘過ぎず、飽きが来ない団子を茶屋で食べるも良し、お土産にするも良し。いずれにせよ、参拝客に愛され続けている。

4月1日、久々に掛川インターチェンジで降りた。様相は一変。車の列がどこまでも続く。世界中の厄年の人が集まり、世界厄年会議が行われるわけではなく、この日はエコパスタジアムで4年ぶりに静岡ダービーが開催されるのだ。

雨という悪天候にもかかわらず、スタジアムに足を運んだ観客はなんと4万491人。この事実ひとつとっても、静岡ダービーへの関心の高さが窺えるだろう。

スタジアムは凄い熱気に包まれた。試合前のインタビューを見ても、「34分の1試合ですから」みたいな興ざめ発言をする選手はいなかった。

静岡県出身の選手はそれほど多くないし、同ダービーの経験者もほとんどいない。しかし、選手も監督も大きな期待をしっかりと受け止めていた。清水エスパルスの金子翔太は栃木県出身ではあるが、入団した理由のひとつにこのダービーを挙げた。

試合は、世界のダービーを身をもって知る男・中村俊輔の活躍もあって、ホームのジュビロ磐田が3対1で勝利。3点目のゴールに至る流れは本当に美しかった。そして、アディショナルタイムでの鄭大世の意地のオーバーヘッド。あんなに鋭いものは初めて見た（ジャックナイフと勝手に命名）。

試合後、その妙技を近くで目撃した磐田の櫻内渚は「インパクトの瞬間、凄い音がしました」と証言。地面ではなく空中で、あの体勢でボールにパワーを注入できる鄭大世の技術は恐るべしである。

そして、ダービー初体験の櫻内は、4万以上の人の前でサッカーができる喜びと、途轍もない熱量、そしてサポーターの応援が力になったとやや興奮気味に語った。観客が雰囲気を作り、選手が応えるダービーだった。

（マニアック指数60％）

瀬戸大橋ダービーでの心温まるシーン

——2017年5月11日号掲載

4月16日に行われた3年ぶりの〝大阪ダービー〟は2対2の引き分けに終わったが、同じ日には〝瀬戸大橋ダービー〟も開催された（結果は1対1）。

このダービーは瀬戸大橋でつながる岡山県と香川県に本拠地を置くクラブ、ファジアーノ岡山とカマタマーレ讃岐の一戦だが、両者は単に橋でつながっているだけではない。

両県は民間放送の放送圏が共有されていて、岡山市には山陽放送（TBS系）、岡山放送（フジテレビ系）、テレビせとうち（テレビ東京系）の本社が、高松市には西日本放送（日本テレビ系）と瀬戸内海放送（テレビ朝日系）の本社が置かれている。これがダービーを盛り上げるひとつの要因となっているのだ。

今回は讃岐のホームだったが、多くの岡山サポーターもスタジアムに足を運び、バックスタンドはダービーらしく綺麗に二分されていた。

ただ現在、両クラブとも好調とは言えない状況で、しかも「負けられない戦い」。序盤は手堅い展開となったが、時間が経つにつれて徐々にボルテージは上がっていく。

そんな白熱したぶつかり合いの中で、心温まるシーンがあった。

26分のこと。岡山の左ストッパー、喜山康平が前方に送ったロングボールを、讃岐の李栄直が頭で撥ね返す。しかし、大きなクリアとはならずにボールは上空に浮いた。

これを、フィードに走り込んでいた岡山の片山瑛一が、バックステップを踏みながら触ろうとする。同じくボランチの関戸健二も頭から飛び込む。お互いにボールだけを見ており、味方同士で衝突した。

その様子を見た讃岐の高木和正が、外にボールを蹴り出す。片山はすぐに立ったが、関戸は上体を起こすことができない。結果的には大丈夫だったのだが、その瞬間は非常に危険な状態に感じられた。

そんな時だった。心配した岡山のパク・ヒョンジンは関戸の傍らに立つと、ふとメインスタンド方向の空を見上げる。そして、頭部を負傷したであろう関戸の顔に直射日光が当たらないよう自らの身体で太陽を遮り、影を作ったのだ。

慌てる様子もなく、当たり前のように行動したパク・ヒョンジン。それは、ゴラッソと同等のファインプレー。勝点以上の価値があった。


（マニアック指数90％）

沖縄キャンプで見る、印象的なパス交換

――2018年2月22日号掲載

「浦和レッズ?」。小学1年生ぐらいの子が聞いてきた。「違うよ、北海道コンサドーレ札幌」と丁寧に答える私。「ガンバ大阪?」。私の言葉をまったく無視して畳み掛けてくる。「違う、違う。だから北海道のチーム」。

キャンプ中のサッカーチームを子どもたちが見に来たというより、子どもたちのいつもの遊び場にサッカーチームが紛れ込んだような感じだろうか。札幌のキャンプが、沖縄の金武町陸上競技場で行われた。

陸上競技場というと、ちょっと神聖なイメージがあるけれど、ここはランニングやウォーキングなど町民の日頃の健康づくりの場として親しまれている競技場。いつもより騒がしい雰囲気に、子どもたちのテンションも上がっているようだった。

北海道内の移動→飛行機での移動→沖縄県内の移動と、全行程は実に約7時間。京都から新加入のGK菅野孝憲は「ハワイに行けましたね」と言って笑ったが、ミハイロ・ペトロヴィッチを新監督に迎えたチームには、程良い緊張感が漂っていた。

ピッチを眺めていると、ボールの感触を確かめるようにパスを交換するふたりの新顔を見つけた。サンフレッチェ広島からやって来た宮吉拓実と浦和レッズから加入の駒井善成。同じ1992年生まれで、京都サンガF.C.でU―15、U―18時代をともに過ごした彼らは、今季から再び一緒にプレーすることになった。

そんなふたりがボールを蹴る雰囲気が、なんとも言えず良かった。黙々と、何かを確認するように、何かを思い出そうとするようにボールを蹴り合っている。昔、よく聴いていた音楽を耳にすると、当時の光景が思い浮かぶのと同じ。久しぶりのパス交換で、彼らは京都時代の記憶を呼び起こしていたのかもしれない。

もっとも、これは私の勝手な想像で、ただ真剣にパススピードやボールの回転をチェックしていただけなのかもしれないけれど……。

ちなみに彼らが蹴っていたボールは、今季のJリーグ公式試合球で、ロシア・ワールドカップでも使用される。Jクラブのキャンプインが、ワールドカップイヤーの幕開けを実感させてくれる。きっとこの中の何人かのJリーガーもロシアのピッチに立つはずだけど、その時にキャンプ地の子どもたちは、そんな選手が目の前にいたことを思い出してくれるだろうか？

（マニアック指数85％）

テーマパーク〝宮崎〟で思ったこと

——2013年3月5日号掲載

2月7日から10日まで番組のキャンプ取材で宮崎へ。この時期の宮崎はスポーツ好きにとってはたまらない。県全体がスポーツのテーマパークとなっているのだ。これだけスポーツを生活の糧とする人たちが集まるということは、ある意味、この時期の宮崎は地価が相当高騰している。

そういえば、かつて読売巨人軍の広報を務めていた方の話を聞いた。宮崎で考えられないぐらいの〝高級車〟を運転したことがあるという。

ベンツか？　ＢＭＷか？

車自体は国産の乗用車。しかし、同乗者が現役時代の桑田真澄氏をはじめ、年俸数億円プレーヤーばかり。そんな選手たちを乗せた車の〝価値〟は相当なもの。間違っても事故などあってはならない。

運転の緊張感は半端なく、生きた心地がしなかったそうだ。

そんな宮崎の楽しみ方をよく知るサポーターも多い。ご贔屓のチームを見るためにキャンプ場へ足を運ぶ人がいるのはもちろんだが、話を聞くと、贔屓ではないチームも見に行くという。その理由は気になる選手がいるから。

本拠地の練習場まで行くのはお金も時間も掛かる。だがこの宮崎なら、気になる選手に簡単に会えて、サインももらえる。テーマパークならではの楽しみ方だ。

同じ地域でキャンプを張れば、練習試合を組みやすいというメリットがクラブ側にはあるが、ファンにとってもメリットは十分ある。

中村俊輔のFK練習を見た翌日、鹿島アントラーズの大岩剛コーチが子どもたちにサッカーを教えている姿も目にするなど、サッカーファンの私も満喫できた。

3連休の中日、10日の日曜日は巨人軍の長嶋茂雄終身名誉監督が宮崎を訪問し、人で溢れ返った。朝9時から大渋滞。球場周辺はグッズ店だけでなく、様々な店が並んで賑わいを見せる。

グラウンド内には軽快な音楽が流れ、いつ行っても誰かが練習をしている。ユニホームで練習しているので、野球をあまり知らない人が見ても背番号や名前などでどの選手か分かる。

宮崎で気付いたのは、プロ野球の練習の見せ方やエンターテインメント性が優れていること。野球とサッカーでは、練習方法や練習時間が違うのは分かる。ただ、もう少しサッカーだってお客さんを喜ばせることを考えてもいいのでは？　と思った。

せっかく見に来てくれているお客さんから一番遠い場所でランニングやシュート練習

するのではなく、目の前で練習するだけでも見る側の喜びは違う。ボールを蹴った時の音やスピード、選手間での掛け声などを見たり聞いたりするだけでも、プロの凄さを感じることはできるはず。

ユニホームで練習するのは無理だとしても、せめて練習着に大きな背番号を入れるだけでも見やすさが違うだろう。

そもそも、サッカーの練習は分かりづらい。普段、野球しか見ない人も、キャンプならばサッカーを見に来る可能性がある。ファンを増やすチャンスを、みすみす逃してしまうのはもったいない。

（マニアック指数70％）

怪しげで、楽しげなバンコク

――2013年2月19日号掲載

タイ、バンコクの地に初めて足を踏み入れたのは2010年のこと。とある番組の企画で、テレビ局の美術部が丹精込めて作成したサムライブルーの鎧を身に纏い、南アフリカ・ワールドカップ日本代表を応援するための弾丸ツアーに参加。その時の乗り換えの地がバンコクだった。

南アフリカ行きの飛行機が離陸するまでの8時間をどう過ごすか？　バンコク空港の外で、私とスタッフは煙草を吸いながら思案していた。その時、日焼けした日本人の中年男性ふたり組が煙草を吸いにやって来た。私のいでたちは無視しようにも無視できない。言葉を交わすうちに、彼らはバンコク在住であることが分かった。そして、私たちにこう言った。

「バンコクに飲みに行きますか！」

彼らが馴染みの従業員はタイ人ながらも、提供するのは日本料理という居酒屋風の店へ。初めてのバンコクに私は少し興奮気味。なんて楽しそうな街なんだ。その頃、世界中はまさにワールドカップモード。日本語が少し話せるタイ人従業員が私に話しかけてきた。「ホンダ、カッコイイネ！」「エンドウ、ウマイヨ！」。

　こちらが驚くほど日本人選手を知っていて、日本を応援してくれていた。酒も入り、本当に楽しかった。しかし、この後は南アフリカへの長旅がある。店外に見える怪しげで、楽しげなネオンに浮かび上がるバンコクの街。迫る出発の時間。でも、もう少しバンコクにいたい。ない知恵を絞り、スタッフに提案してみた。

「バンコクでテレビ観戦しませんか？」

　もちろん秒殺で却下。とほほな想いでバンコクの地を後にした。それから、約2年半後の２０１３年1月。ジュビロ磐田のキャンプ取材で再びタイを訪れた。キャンプ地は、バンコクから高速道路で30～40分ほどのムアントン。ＡＣＬで浦和レッズが戦うムアントン・ユナイテッドのホームタウンだ。磐田が使用していたのはムアントンのホームスタジアム、ＳＣＧスタジアム。サッカー専用でイングランド風。非常にコンパクトな臨場感あるスタジアムだった。

タイの強豪ムアントン・ユナイテッドのエンブレム

　ところで、ムアントンに行ったとしても、

宿泊はバンコクがおススメ。ムアントンは現在も開発中の地区で、夜遅くまで営業しているお店も少なく、タイ満喫気分はあまり味わえない。

取材中、タイ・プレミアリーグに関係する日本人数人と話ができた。そこで分かったのは、日本人選手の需要がかなりあること。技術はもちろん、それ以上に規律を順守し、ハードワークも厭わず、最後まで諦めないメンタルを持つ日本人が重宝されるそうだ。

タイ人選手は組織的なプレーが苦手で、ランニングのような、いわゆるしんどい練習になると、仮病を使ってサボる選手もいるらしい。でも、私はそんなタイ人気質が嫌いではない。そして、タイ・プレミアリーグに非常に興味を持った。

（マニアック指数85％）

飾り気のない普通の街、ドルトムント

――2016年2月11日号掲載

前号のサッカーダイジェストは、表紙も巻頭インタビューも香川真司。表紙の写真から、好調ぶりと健康な状態が垣間見えた。なぜならば、右手親指の爪の、いわゆる月の部分（三日月）がくっきりと出ているからだ。

私の指なんて、どの指を見ても三日月がないよ。そんな月なし男の私も昨年12月、スカパー！の番組ロケで香川にインタビューするため、2泊4日の強行軍（もちろん試合は見れず）でドルトムントに行ってきた。インタビュー会場となったのは選手たちがよく使うレストラン。そこに姿を見せた香川は、良い意味で普通だった。気負うこともなく、虚勢を張るわけでもなく、謙虚過ぎるわけでもない。自分の言葉で普通に話す様子に、充実ぶりが感じられた。

自宅にもお邪魔したが、そこにパク・チュホが普通に遊びに来ていた。日本語で話してくれた彼は、水戸ホーリーホック時代にお世話になった人たちと今でも交流があるそうで、彼らと久々に会いたいと語る心優しい男だった。

スタジアムツアーガイドの女性の実に普通な感じが良かった

ドルトムントは人口約58万人。ほぼ八王子の人口と同じ。田舎でもないが、大都会でもない。駅前にウハウハ大歓楽ゾーンがあるわけでもない。いわゆる普通の街。ホームのジグナル・イドゥナ・パルクに毎試合8万人以上の観客が集まることが、以前から不思議ではあったが、その地を訪れるとさらに不思議な気持ちが増した。バルセロナのような観光地でもないのに、毎試合8万人以上が足を運ぶ。一体どこから人が湧いてくるのだろう?

試合は観戦できなかったが、スタジアムツアーには参加した。スタジアム内の様々な場所を見たが、ロッカーからピッチへとつながる通路には緊張感が充満。夢の舞台につながるというよりも、戦場へ向かう通路という感じ。このピッチに立つ覚悟が本当にあるか？　そんなことを問いかけてきそうな通路だった。

そのスタジアムツアーをガイドした女性が、実に普通で良かった。デニムのパンツ姿で現れた女性は、「右手に見えますのは」的なことを決して言わない。友達や恋人や家族に話すように、ツアー客に語り掛ける。ウケを狙う姿勢は皆無。テンポも悪い。だけど、それが心地良い。見た目より中身。自信のある普通。飾り気のない普通の街が好きになった。

（マニアック指数80％）

歌声に包まれる町田のスタジアム

――２０１６年12月８日号掲載

11月12日、Ｊ２・41節のＦＣ町田ゼルビア対松本山雅ＦＣ戦を観戦するために町田市立陸上競技場を訪れた。このスタジアムでの楽しみのひとつは、ホーム側のゴール裏から聞こえてくるトランペットの音色だ。

トランペットは、楽曲や演奏方法、聞き手の心理状況で音色が様々な表情を見せる楽器だ。切なさ、勇ましさ、はたまた大人のムード、滑稽な雰囲気も演出できる。そんなトランペットの、ゴール裏から聞こえてくる音色は、チャントを後押しする効果的な役割を果たしていた。自己主張することなく、絶妙なさじ加減で見事に歌声と共鳴していたのだ。

歌声に包まれたスタジアムは心地良い。私が子どもの頃、サッカー場にチャントなどという言葉はなかったが、歌自体は存在していた。例えばヤンマーディーゼルサッカー部には「♪ヤンマーイレブン×２♪」、日産自動車サッカー部には「♪ＧＯＧＯ日産、ＧＯ日産♪」（確かチアガールが踊っていたような気もする）というフレーズが印象的な応援歌があった。ただ、それらは選手の後押しというより、試合会場に流れていたという感じ。あの「♪ドンドンドン、ドンキー、ドン・キホーテ♪」に近い。

歌いたい、覚えたいというよりも知らない間に脳みその奥のほうに刷り込まれていく感じだった。

試合前、アウェーゴール裏で何人かの松本サポーターとお話をさせてもらったが、選手たちがピッチでアップを始めたのでその場を立ち去った。すると、選手たちへの大音量のチャントが心地良く背後から襲ってきた。その時、私の前のほうからも楽しげな歌声が聞こえてきた。「♪まつもとやまが、ふぉるつぁ♪」。声の主は、若いお父さんと4、5歳の子どもふたり（お父さんはひとりと手をつなぎ、もうひとりを抱っこしていた）。3人はチャントを歌いながらスキップするかのように、ゴール裏の入場口に向かっていった。

3人は本当に楽しそうで、子どもたちは流行りのアニメの主題歌や保育園で習ったお遊戯の歌を楽しんでいるかのように、嬉しそうにチャントを歌っていた。その光景はまるでドラマやCMのワンシーン。気付けば私の顔もゆるみ、笑顔になっていた。そして、なんだか幸せな気分になった。歌や手拍子で溢れるスタジアムは実に心地良かった。


（マニアック指数80％）

偶然と必然について考えた最終節の夜

――２０１７年12月28日号掲載

磐田市のイメージキャラクターは紅白の綱と褌をつけている「しっぺい」くん

12月2日、Ｊ１リーグ最終節。ジュビロ磐田対鹿島アントラーズを観るため、ヤマハスタジアムに向かった。

それにしても荷物が多い。翌日に沼津で予定されていた中継用の資料などがかさばったのだ。そこでたまたま思いついたのが、新幹線を掛川で降り、駅のロッカーに荷物を預け、電車で磐田に向かう行程。我ながら名案だと自画自賛する。

鹿島の優勝が懸かった一戦だけに、スタジアムには多くのサポーター、マスコミが駆けつけていた。結局、磐田と引き分けた鹿島はリーグタイトルを逃すのだが、試合後に偶然、静岡の知り合いのTVスタッフに出くわした。すると、ありがたいことに「静岡までなら車で送りますよ」と提案してくれたのだった。しかし、そんな時に限って荷物は掛川駅。静岡にとにかく早く着きたいスタッフに、やんわりと掛川行きは断られる。

いや、彼らも仕事だから当然だ。ただ、掛川駅のロッカーに荷物を預けるという偶然の思いつきを悔いた。

こうなれば、磐田駅までタクシーで向かうしかないが、しかしタクシー乗り場には長い列ができている。逡巡の末に並ぶことを決意。30分は待つであろう列の最後尾に着いた瞬間、声を掛けられた。「磐田駅までなら一緒に乗っていきます?」。これまた偶然にも知り合いが列の前方にいたのだ。この偶然には大感謝だったが、当然ながら道路は大混雑。なんとか磐田駅には着いたものの、掛川に向かう電車は行ったばかり。冷え込む駅で割と長い間、次の電車を待った。

そして、ようやく掛川駅の新幹線のホームにたどり着くと、なんとそこには偶然にも、試合を終えたばかりの鹿島の選手たちがいた。

話し掛けてくれたのは昌子源。優勝を逃した悔しさを口にして、こう続けた。「この経験は自分とチームを強くするはずです」。それは試合後に磐田の川又堅碁が語っていた言葉と、偶然にもまったく同じだった。

昌子の横には、アクシデントによる怪我で、前半途中での交代を余儀なくされた西大伍がいた。心配する私に彼はこう言い切った。「(怪我をしたのは)必然なんです」。偶然に身を任せていたら、勝負の世界では生きていけない。すべてを背負ってプレーする男の重い言葉。

沼津の夜、ずっと偶然と必然について考えていた。


(マニアック指数90%)

ワールドカップと、藤枝の生のサッカーと

――2018年7月26日号掲載

連日連夜、盛り上がりを見せるワールドカップ。しかし、生のサッカーの魅力に取りつかれた者はスタジアムに足を運ぶ。

J3の藤枝MYFC対FC東京U－23が行われた藤枝総合運動公園サッカー場で出会ったのは、ヴィッセル神戸を応援する男性。現在、J1は中断期間中だが、生のサッカーが見たくてやって来たのだという。

彼が気にしていたのは、J1再開後の神戸のこと。アンドレス・イニエスタ入団の喜びに浸りながらも、チケットが入手困難になっている現状を憂い、また韓国代表チョン・ウヨンのアル・サッド（カタール）への移籍を残念そうにしていた。

一体、リーグ後半戦の神戸はどんなシステムで、どんなサッカーをするのか？　スターも見たいが、ユース育ちの若手も見たい。前線には大槻周平にTJ（田中順也）がいて、ウェリントンの調子も上がってきたし、渡邉千真だって外せない。もちろんルーカス・ポドルスキもいる。ワールドカップ以上に、愛するクラブのことが気になってしょ

うがない様子だった。

この日、多くの子どもたちのお目当ては、FC東京U－23の久保建英。みんなが大好きなバルセロナで育ち、17歳にして堂々と大人の選手と渡り合う彼は、子どもたちのヒーローだ。レフティというのもなんだかかっこいい。

4年に一度、思い出したかのようにサッカー談議に夢中になる大人たちより、FC東京U－23のチームバスを取り囲む彼らのピュアな反応のほうが、よっぽど心地良かった。

スタジアムから藤枝駅に向かおうとタクシーに乗ると、運転手さんが試合結果を聞いてきた。スコアを答えると、間髪入れずこう返してくる。

「久保君は出たの？」

さすがはサッカーどころ藤枝である。ただ、運転手のおじさんも含め、このあたりで暮らす人たちの一番の誇りは、地元出身の日本代表キャプテン、長谷部誠だ。

尋ねもしないのに、彼がいかに素晴らしい選手かを、ワイドショーレベルの情報も交えていろいろと教えてくれる。そして、

蹴球都市を名乗っている藤枝市。さすがサッカーどころと感じることは多い

コロンビア戦の勝利の後、藤枝のパブリックビューイングに若い女の子が増えたと言って笑うのだ。
まもなく4年に一度の祭典は終わり、J1が再開する。生のサッカーに触れられる機会が増える喜び——。僕たちの楽しみは尽きない。

（マニアック指数75％）

興奮の坩堝、長崎のJ1ホーム開幕戦

――2018年4月12日号掲載

ピッチにいるのは22人。ボールはひとつで時間も90分だけど、なぜかいつもと違う試合に見えてくるから不思議だ。「(この日に対戦する)サガン鳥栖の応援が好きで、よく見に行っていたんです」と、あるV・ファーレン長崎のサポーターは感慨深げに言った。「J1に昇格してから、ずっと興奮していました」と言う人もいた。そんな人々の想いや念みたいなものが、一種独特の空気を生み出したのだろう。J1初昇格を果たした長崎の今季ホーム開幕戦。スタジアムは素晴らしい雰囲気に包まれた。

この日、長崎の髙田明社長は大忙しだった。昼間は地元テレビ局の生放送に出演。渋滞緩和のため、公共交通機関での来場を促そうと、最寄りの諫早駅からスタジアムまで約2キロの道のりを、社長自ら歩いていたのが印象的だった。その後も、鳥栖の竹原稔社長とのトークショーなど分刻みでスケジュールをこなしていたが、バイタリティ溢れる髙田社長は疲れた顔ひとつ見せない。

そして少し時間が空くと、初対面の私にもいろんな話をしてくれた。サッカーへの情熱や長崎への想いなど、さっき挨拶をしたばかりなのに、一切壁を作ることなく、実にフランクに。ほんの少しの会話で人の心を掴んでしまう、魅力的な人だった。

開始早々の2分、澤田崇のゴールが決まるとスタジアムはいきなり興奮の坩堝《るつぼ》。老若男女が喜び合う姿は感動的だった。長崎サポーターはワンプレーごとの反応が良く、ピンチでの女性ファンの悲鳴も、なかなか耳に心地良かった。

試合は前半で2点のリードを奪いながら後半に追いつかれ、J1初勝利はお預けに。それでも試合後のスタジアムは大きな拍手に包まれた。そして徐々に人々が去り、静寂が訪れたスタジアムの雰囲気にも、たまらないものがあった。楽しい祭りの後の余韻が、そこかしこに漂っている。そんな感じがした。

翌朝、J2のロアッソ熊本対徳島ヴォルティスを観戦するため、長崎駅に向かうと、ひとりの女性が話し掛けてきた。「昨日はスタジアムに来てくれてありがとうございました」。いえいえ、こちらこそ。一晩寝たぐらいでは、あの興奮の余韻は消えません。車窓に流れる景色を眺めながら、また昨日の試合を思い返していた。

（マニアック指数70％）

第11章

サポーター、それぞれの戦い

こじらせ男子の徳島愛

――書き下ろし

かつて、徳島ヴォルティスのゲームを見に行くたびに会う、ひとりのガタイが良い男がいた。彼はどちらかというと、いや結構口が悪い。チームに対してもなかなか厳しい。だけど、その言葉を真に受けてはいけない。本当に嫌いなら、わざわざスタジアムにまで足を運ばない。そんな、少しこじらせ気味の愛が私は好きだった。

ひたちなかでの水戸対徳島。前半、膠着気味の試合になった。日光の具合も、芝生席の牧歌的な感じも程良く、のんびりムードがスタジアムに流れた。

ハーフタイムにこじらせ男子に遭遇。

「どうや？　徳島？　眠たいやろ！」

まさに直球。どストレート。でも、これが彼の応援スタイル。徳島の試合を見に行く時、彼のコメントも楽しみのひとつだった。

しかし、いつからか彼の姿を見なくなった。再会したのは、Ｊ１初昇格が掛かるプレーオフ決勝が行われる国立競技場。再会を喜んだ後、彼はカバンの中からゴルフ雑誌を取り出し、「最近はもっぱらこっちやわ」と、ゴルフにはまっていることを私に伝えた。

それでも「今日は見ないとあかんやろ！」。

J1昇格をその目で見た時、どんな言葉を発したのだろうか？　それでも悪態をついたのだろうか？

人それぞれの愛の形は実に興味深い。

ある日の正田醤油スタジアム群馬。ザスパクサツ群馬は勝利から見放され苦しい状況を迎えていた。それはサポーターも同じ。

試合前、スタジアムの外、人が多くいるところから少し離れた場所で数人の男たちが車座になって酒を飲んでいた。そして、重い雰囲気の中、ひとりの男に声を掛けられた。

彼はチームの状況を嘆き、少し酔っ払いながら選手への想いを話し始めた。

「上手いとか下手とか、シュートが決まるとか決まらないかはこの際どうでもいい。そんなことより、応援している人たちの期待を背負う覚悟があるかどうかを問いたい。埼スタに5万5000人の客が入ったとしたら、ピッチに立つ浦和の選手はひとり当たり5000人分の期待に応える覚悟でピッチに立っているはずだ。うちはひとり当たり3000人。3000人の期待に応える覚悟を持ってピッチに立っているのか？　それを見たいんだよ！」

試合前から十分酔っ払っている。呂律も回っていない。

チームの調子も良くないので、感情的になっている。だけど、彼の想いは痛いぐらい伝わってきた。

ファン、サポーターと言葉にすると、何かひとつの集団、ひとつの塊のような感じがするが、そこにいるのは人間一人ひとりで、それぞれに思いや願い、夢や希望がある。

それぞれの愛の形は違えども、どの愛も尊い。


（マニアック指数95％）

駅で交錯する非日常と現実

——2015年6月11日号掲載

嫌いではないけれど、あの不思議な感覚は一体なんだろう?

過去に使っていた、もしくは現在利用している駅を通過する電車に乗っている時の感覚。いつもは当たり前のように見ていた景色が車窓に流れていく。駅を利用していた過去と電車に乗っている現在が交錯するような不思議な感覚に襲われる。

甲府始発のかいじ120号は、終点の新宿を前にして、馴染みの中野駅あたりで速度を落としていた。なんか懐かしいような、ちょっと寂しいような、落ち着かない、そわそわした気持ちで見ていた中野の景色が去ると、眩しい新宿の景色が始まった。

新宿駅9、10番線ホームには喫煙所がある。

ニコチンが切れた、煙草が吸いたい状態ではなかったけれど、なにげなく喫煙所に入り煙草をくわえ、ボーっとしていた。

そうすると、目の前を青と白の縦じま模様のモンテディオ山形のユニホームを着た人たちが横切った。

時計を見ると、午後7時10分。

関東在住の山形サポーターなら、新宿でご飯でも食べて帰れるけど、山形から来たサポーターならまだ道半ば。そんな彼らを見ながら、試合後に山梨中銀スタジアムで交わした山岸範宏との会話を思い出した。

その日の山形への帰路を聞いたところ、選手たちはまずスタジアムから大宮までバスで戻り、そこから最終の新幹線で山形へ帰るという。気温が上がってきた中での試合もハードだったけど、帰り道も結構ハードだ。

そんなことを考えていると、喫煙所のガラス一枚隔てたホーム側から、ひとりの男性が私に会釈をした。ただ私はその男性をすぐに認識できず、なんとなく頭を下げた。が、その男性に続くもうひとりの男性を見て、すぐ煙草を消しそうになった。その日、ヴァンフォーレ甲府対山形戦の笛を吹いた主審の井上知大氏が、良い笑顔で喫煙所の私に会釈してくれたのだ。

それにしても、レフェリーに煙草を吸っているところを見られて、一瞬怒られるのではないかと考えてしまった私の思考回路はどうなっているのだろう?

実は、こんな光景が見られる週末の東京駅や新宿駅が大好きだ。

赤やオレンジや水色のユニホームを着た人たちが駅を行き交う様子がたまらない。

週末の非日常（強烈な日常とも言える）なサッカーから、現実の生活に切り替わっていく様が、中野駅を通過している時と同じような、なんとも言えない気持ちになる。

井上氏にお辞儀をして頭を上げると、ふたつほど向こうのホームに、青赤のＦＣ東京サポーターの姿が見えた。彼らもまた現実に戻っていく。

よし、録画した浦和レッズ対ＦＣ東京戦を見よう！

煙草を消して、喫煙所を飛び出した。

（マニアック指数90％）

新シーズンよ、早く来い！

——2015年2月26日号掲載

1月17日、新潟は雪も風も強く、あまりにも寒過ぎて、新潟駅からすぐタクシーに乗車。タクシーから見る景色も鉛色で、歩いている人たちも、肩をすくめて少し早歩き気味。そんな中、眼鏡をかけた成年男子には驚かされた。強風が吹く橋の上を、傘も差さずにスマホ片手に何食わぬ顔で歩いていたのだ。北国育ちゆえの寒さに対する強さなのか、寒さを忘れるほどの面白アプリなのかは知る由もないが、渋谷で目的のパスタ屋に向かう若者と変わらぬ風情。彼は一体、何度になれば寒いのか？　いや、彼が音を上げる前に携帯が音を上げるだろう。

その日に向かった先は、「2015アルビレックス新潟激励会」の会場。毎年、シーズン前に行われるイベントで、今季の新潟の監督、選手が勢揃いする、いわば顔見世的な、そしてチームもサポーターも今年一年よろしくという感じのイベントである。

昨年は参加できなかったものの、ここ何年かは私も参加させていただき、毎年楽しみにしているイベントのひとつである。外の寒さとは打って変わって、会場は熱気で包まれた。いや、例年以上の熱さを感じていたところ、今年はチケットが即完売になったそうだ。もちろん、今季に対する期待の表れでもあるが、そこにはもうひとつ理由があった。

それは、昨季の最終節の終わり方にある。新潟の最終節、対柏レイソル戦は雪の影響で開催できず、2日後、カシマサッカースタジアムで開催されることになった。つまり、地元で最終節を迎えられなかったのだ。1年間ずっとスタジアムに通い続けた人たちにとっても、あまりスタジアムには行けなかったけど、ホーム最終戦はスタジアムに行こうと考えていた人たちにとっても、残念だったに違いない。14年シーズンを新潟のために戦ってくれたメンバーに、感謝の気持ちを伝えることも、お別れの言葉も、なかには文句のひとつも言えずにシーズンが終わってしまったのだ。

だからこそ、早く15年シーズンを迎えたい。メンバーは何人か入れ替わってしまったけど、去年の感謝と今年への期待を伝えたい。そんな気持ちが、チケット完売、そして会場の熱気へとつながっていった。

監督、選手には温かい拍手、声援が惜しみなく送られた（L・シルバに対する声援は尋常ではなかった）。新シーズンに対する期待感を選手も感じたに違いない。だけどその拍手には、昨年への感謝、そしてもうその会場にはいないチームを去ってしまったメンバーに対する感謝の気持ちも、込められているような気がした。

（マニアック指数75％）

負けた時に何を思い、何を語るのか――

――２０１７年12月14日号掲載

勝負の世界は紙一重。勝つこともあれば、負けることだってある。

鹿島アントラーズが敗れた試合後のミックスゾーン。失点に直結するミスを犯したある選手が、無言で記者の前を通り過ぎていく。誰も話し掛けられるような空気ではなかった。

一方で、西大伍は胸を張って質問に答えていた。やり取りを終えた彼は、私に向かってこう言った。「○○、黙って帰りました？」頷くと、冗談交じりに続けた。

「ミスをした時こそ、しっかり話さないと。今度、注意しておいてください（笑）」

これこそが勝者のメンタリティだと思った。敗北や失敗をしっかりと受け止められる西は、記者たちの向こうに、その時の心情を言葉にして聞きたいと思う人たちが、たくさんいることを知っている。

負けた時に選手は何を思い、何を語るのか――。

他会場の結果を目にしないよう細心の注意を払いながら、味の素スタジアムから帰宅途中の新宿駅。見ず知らずの人に声を掛けられた。「平ちゃん、負けました」。彼はアルビレックス新潟のユニホームを着ていた。状況はすぐに呑み込めた。J1残留争いの直接対決で、新潟が大宮アルディージャに敗れたのだ。

本当は、結果を知らずに自宅でその試合を楽しみたかったけれど、彼の悔しそうな表情を見ていたら、そんなことはどうでもよくなっていた。もちろん私に慰めてほしくて、彼も話し掛けたわけではないだろう。

ただ悔しくて、悔しくて、誰かに話したかっただけなんだ。そんな時って、あるよなぁ。

ルヴァンカップ決勝が終わった後、次の用事のためタクシー乗り場に向かった私の前に、子ども連れの若い夫婦がいた。川崎フロンターレのユニホームを着たご主人は私を見つけると、まるで周りの大気に向かって話し掛けるように、こう言った。

「どうやったら優勝できるんですかね?」。そして、「全部見てきた、全部」と呟きながら、タクシーに乗り込んだ。おそらく、決勝で敗れる姿を、これまですべて見てきたということだろう。悔しいに違いない。だけど、彼は決勝の地にまた足を運ぶと思う。全部見てきた人間だけが味わえる、極上の喜びを得るために。

負けた時にファンは何を思い、何を語るのか――。

(マニアック指数80%)

観客の力が問われる〝スティール〟

——2015年5月28日号掲載

例のアレは後半、ホームチームの攻撃中に見られる。

例のアレとは、ガンバ大阪戦で清水エスパルスの大前元紀がやった、アルビレックス新潟戦でG大阪の宇佐美貴史がやった、狡猾かつインテリジェンス溢れるプレー、仮名〝スティール〟である。

相手GKがキャッチし、スローではなくキックによって前方にボールを蹴るために、ピッチにボールを落とした瞬間、GKの背後から現れ、ボールをかっさらう。まさに狡猾で、決まると相手に大きなダメージが残るプレー。

これは、ホームであっても相手サポーターが近い前半やアウェーではきっと無理なプレーだろう。なぜならば、「しむら！　うしろ！　うしろ！」状態になるからだ（その雰囲気も見てみたい）。ゆえに後半、ホームチームの攻撃中となる。

このスティールこそが、あらゆる諸問題を解決する特効薬なのだ。

スポーツに限らず、舞台にしろ、音楽にしろ、ステージと客席には距離感がある。スティールは、この距離感をいかに縮めるかという問題を解決する。そしていくら声を嗄らし、身体を揺さぶり、愛するチームを応援しようとも、観客はシュートも、クリアも、セーブもできないという、当たり前だけど悔しい現実を少し乗り越えることができる。

ある意味、傍観者でしかない観客が当事者になれるのだ。ＧＫの背後に選手が身を潜めたとしよう（潜めたと言ってもみんなには見えているけれど）。ここで、観客はいつものように振る舞えるか？

つまり、観客の演技力が問われる。

そして、その協力なくしてこのプレーは成立しない。応援のトーンが少し下がり、ひそひそ話が増えたりすると、その時点で怪しい。

逆に、変に声援の声が急に大きくなって、嘘をごまかすような雰囲気は大根役者丸出しだ。

曲がったことが大嫌いなおじさんが、急に立ち上がり「宇佐美くん、それはダメだよ！」と野暮全開の行動を取らないとも限らないし、もしそんなおじさんがいたら出入り禁止の対象項目がひとつ増える。

普通を演じるという、芝居でも一番難しい部類の演技が観客に求められる。ただ、いつもと変わりない雰囲気を作り、ＧＫが背後の選手に気付かず、なんの疑いもなくボールをピッチに落とし、スティールが成功したなら、観客はまさに12番目の選手。

ゴール自体は選手のものだが、アシストは観客である。

これほど、ピッチとスタンドの距離が縮まり、観客が当事者意識を持つプレーが他にあるだろうか?

ハーフタイムにトイレに行って、鏡の前でいつもの普通の自分を確認し、後半、突然始まる芝居のスタンバイをしよう。

(マニアック指数75%)

C大阪サポーターのファインプレー

――2017年6月8日号掲載

5月6日、J1・10節の柏レイソル対セレッソ大阪戦で日立柏サッカー場に足を運んだサポーターの数は1万4015人。スタジアムは黄色とピンクのユニホームに彩られ、天候にも恵まれたおかげで最高の観戦日和になった。

ここにきて上り調子の柏のゴール裏（通称、柏熱地帯）はこの日も最高のライブ感で、さながら野外フェスの様相。対するC大阪側のスタンドもびっしりと埋まり、界隈は「臨時リトル大阪IN柏」の風情。大阪弁の圧が、一気に雰囲気を増幅させる。

「ひらちゃん、大阪のどこなん？」

おばはん、いや、ご婦人に話し掛けられた。「高槻です」。すると「高槻はあかんわ〜。私は和泉」。「知らんわ！」と言いたいところだが、これはおばはん独特のパスの出し入れ。ちょっと強めの遊びのパスなのだ。一見、何も生まれないようなパス交換から見事なプレーが出ることとも。もちろん、その日は良いパスをもらえなかったけど……。

ひとりの中年男性に声を掛けられた。今日、大阪から来たのかを尋ねると、「神宮に、埼スタに、等々力にも行って、今日はここ」。ゴールデンウィーク関東スポーツ三昧ツアーの真っ最中。「やっぱり東京はえ〜な〜」と、満喫している様子だった。

キックオフの時間が近づいた頃、メインスタンドにつながる階段の下に何人かが集まっていた。60代ぐらいの男性が中心で倒れている。多量ではないが、頭部から出血もしている。

聞けば、試合運営を手伝っておられるボランティアの方で、踏み外したかは定かではないが、階段を下りている時に倒れてしまい、意識はあるものの頭部を負傷したとのこと。

運営スタッフも駆け付けていたが、そこで冷静な対応をしたのが数人のC大阪サポーターだった。慣れない地で、大慌てしてもおかしくない状況。しかし、声を張り上げたりせず、電話で現況をしっかりと伝えつつ、救急車を要請していた。

もし変に大きな声を出したりすれば、騒ぎが広がって、現場はパニックとなっていたかもしれない。彼らの落ち着いた対応により、少し離れたところにいた人たちは、その様子に気付かなかったようだ。

ゴールデンウィーク終盤の「臨時リトル大阪ＩＮ柏」。そこでは人知れず、フェアかつファインプレーが繰り広げられていたのだ。


（マニアック指数90％）

電車内で戦い続けた女性ファンのレッズ愛

――2018年3月22日号掲載

すでにJリーグの全日程が終了していた昨年12月の某日、京浜東北線に揺られていると、ある駅から中年男性が、寒さに身を震わせて車内に乗り込んできた。彼は電車が動き出すと、扉を鏡代わりにしてマフラーを巻き直し始めた。それはスーツにはあまり似合わない青と黒の柄物だったが、その正体が分かった瞬間、私の涙腺は崩壊した。

やや色褪せて年季の入った、ガンバ大阪のタオルマフラー――。スーツに合うマフラーならいくらでもあるだろう。それでも、愛するクラブのタオルマフラーを首に巻く。使い古された感から、想いの深さが伝わってくる。彼のクラブ愛は、スタジアムのゴール裏で声援を送るサポーターたちと、なんら変わるものではない。いついかなる時もG大阪と寄り添っていたいという決意のようなものを勝手に感じて、勝手に胸を震わせた。

2018年2月、Jリーグ開幕。味の素スタジアムに向かう京王線の車内はやや混み合っていた。幸運にも座れた私の斜め前に、25歳ぐらいの女性が立っている。彼女はリュックを網棚に置こうとしたが、背があまり高くないので上手く載せられない。すると抱えたリュックの中から、おもむろに一着の赤い衣服を取り出す。浦和レッズのユニホームだった。

この女性は決して空いているとは言えない電車内で、しかもリュックを片手に持ちながらユニホームを着用しようとしていたのだ。そう、彼女の開幕戦はここから始まっていた。

まず、上着を脱いで足の間に挟む。セーターの上にユニホームを着るために、リュックを右手に抱えつつ、左手を袖に通そうとする。しかし袖に意識を集中させると、両足が弛緩して上着がずり落ちる。片手が塞がっているのだから、簡単ではない。

正直、スタジアムに到着してからでもいいのにと思ったし、ユニホームを着て家を出ればよかったのにと心の中で呟きたくもなったが、そこには彼女なりの流儀があるのだろう。そして数分後、格闘の末にようやくユニホームを纏うことができた。

ついに〝ゴール〟した時の凛とした表情を見て、一部始終を〝観戦〟していた私も安堵感を覚える。まるで贔屓チームの勝利を見届けたかのような心持ちだ。車内で戦い続けたひとりの女性ファン。そのレッズ愛が、十分過ぎるほど伝わってきた。

（マニアック指数95％）

ひっそりとサッカーを楽しむ人たち

――2012年10月23日号掲載

綺麗に一直線に並び、人と人の間は計ったように等間隔。なにが起こっても微動だにしないその様子に目を奪われた。

その地は栃木県。

といっても、それは栃木SCのゾーンディフェンスが醸し出すものではない。

栃木県グリーンスタジアムのバックスタンド、最上部の中央付近。間近で見たわけではないので正確には分からないが、たぶん中年男性であろう人たちが、隣の人と一定の距離を空けてひとりずつ座っている。まるで釣り堀の風情。3、4人分の座席を空けてひとり、3、4人分の座席を空けてまたひとり。そうやって10～15人ぐらいが並んでいた。

分かる、分かるな～。

やっぱり、ひとりでじっくりサッカーを堪能したいんだよね～。隣の人にサッカーの能書きを語られるのはイヤだし、初歩的な質問をされるのもイヤ。サポーターが盛り上がる気持ちは分かるけど、人前で歌うのは恥ずかしいし、90分間の〝タテノリ〟は体力的に無理だし、裏打ちのビートには乗り切れない。

なかには監督気分で観る人もいるだろう。ミスするたびに「下手くそ！」とぼやく人がいれば、日曜日の昼間に家にいたくないという人もいるだろう。でも、またスタジアムに足を運ぶに違いない。

ただただ、サッカーが好きなんだ。

みんな服装も地味だった。でも、そこがまた良い。黄色でも青でも赤でもオレンジでもない服を着た人たちが、サッカーを存分に楽しんでいた。

7対1でガイナーレ鳥取に大勝した後のアルウィンは、笑顔の松本山雅ＦＣサポーターで溢れていた。楽しそうに試合を振り返りながら帰路に就くサポーターの中に女性がふたり。緑のユニホームは着ていないが、松本のＦＷ塩沢勝吾を見に来たそうだ。

「地元の方ですか？」と聞いたところ、小声で「水戸から来ました」。

かつて水戸ホーリーホックに在籍していた塩沢がＪ２で１００試合出場を達成したこと、応援する水戸のゲームが京都で行われることもあり、少し近くのアルウィンに来たという。こういうサポーターは少なくない。応援するチームは変わらないが、かつて在籍していた選手の試合や、期限付き移籍したチームの試合を観戦するサポーターと何度も出会った。

私が大好きなのは、こういう人たちの立ち居振る舞いだ。スタジアムであまり目立った行動をしない。ひっそりとはしゃがないように過ごしている。なんだか、よそ者がすみませんといった感じだ。

「どこから来たの?」「どのチームを応援しているの?」と聞くと、必ず小声になる。地元のチームに対する気遣いと、愛するチームに対する若干の後ろめたさや罪悪感。そんな心のゆれ動きが垣間見えるのも面白い。

大好きな色の服を家に置いてスタジアムに足を運ぶ。次は何色の服を着てスタジアムに行きますか?

(マニアック指数60%)

人の数だけ〝サッカーストーリー〟も存在する

――2013年2月5日号掲載

「ひらちゃん！　聞いてください」

いつの日か忘れたが、福岡のレベルファイブスタジアムでのこと。声の主は少々ご立腹気味のご婦人。「どうしたんですか？」。聞いてくださいと言うので、聞いてみた。すると、「このスタジアムの売店メニューが変わらないんです‼」。

頭の中が「？」だらけになった。

要は、いつ来ても売店のメニューが同じなんだ。ひらちゃん、なんとかしてくれない？　ということらしい。言いたいことは分かったけれど、訴える相手を間違えている。こちとらただのサッカー好きのおっさんだ。しかし、こういう会話が嫌いではないおっさんでもある。

名監督と呼ばれる人の言葉はサッカーの本質を捉えているかもしれないが、スタジアムに足を運ぶ人々の言葉も同じくらいサッカーの本質を捉えている。その言葉に私は惹きつけられるのだ。

アルウィンで松本山雅FCが好きでたまらない40代くらいの女性と出会った。ホームゲームが待ち切れず、練習見学にも行くという。ただ、大人になればいろいろな用事がある。見学できない日はどうするのか訊いてみると、驚愕の答えが返ってきた。「妄想します！」。練習の様子を妄想して楽しむというのだ。私もかなりサッカーを楽しんでいる部類に入ると思っていたが、まだまだ上には上がいる。

東北電力ビッグスワンスタジアムでは、30代くらいの男性が走り寄って来た。「ひらちゃん助けて！」。どうしたというのか？「仕事が辛いんです。どうにかしてください」。人によっては、あるいは目の状態によっては、私は瀬戸内寂聴に見えたりすることもあるのだろうか。

私は救ってあげられないけれど、アルビレックス新潟のサッカーが一瞬でもその辛さを忘れさせてくれることを祈るばかりだった。

２０１０年7月31日。この日の会話は忘れられない。栃木県グリーンスタジアム、栃木ＳＣと横浜ＦＣの一戦。ハーフタイム中に売店へプラっと行ってみた。灯りに照らされたお店は夏祭りの風情が漂っていた。ナイトゲームならではの雰囲気に浸っていると30代半ばの男性に声を掛けられた。

「ひらちゃん、ちょっと話を聞いてもらっていいですか？」

少し深刻な感じの表情を浮かべる男性は、私にその心の内を、そしてこの日スタジアムに来た理由を打ち明けた。1週間前に父を亡くし、その対応に追われていたという。応援する栃木の勝ち負けにかかわらず、とにかく大きな声を出したかった。そんなことを誰かれ構わず言うわけにはいかない。でも、誰かに聞いてほしい。その誰かが私だったのだ。選手の出来不出来も、監督の采配の良し悪しも、フォーメーションの話も一切しなかったけど、立派なサッカートークだった。

試合はR・ロボの劇的なゴールで栃木が勝利。スコアだけを見れば2対1の一戦だが、彼には一生忘れられないゲームになっただろう。ピッチの外にもたくさんのサッカーストーリーが溢れている。

（マニアック指数90％）

スタジアムで出会う様々な物語

——2013年5月28日号掲載

ボランチからサイドのプレーヤーにボールが渡る。ボールを受けたプレーヤーの前にはやや広めのスペースがあり、相手ディフェンスとの1対1の場面。縦に少し仕掛けてはみたものの、クロスを上げずに後ろのSBにバックパス。よく目にするシーン。しかしそんな時、スタジアムに来ている人たちの「行け！」「勝負しろ！」という声をよく耳にする。

スタジアムに来ている人たちの生の、本音の声を聞くのが私は大好きだ。より本音を聞ける場面がある。ゲームの主導権を握りながら、1点ビハインドのまま試合終了が近づく。シュートを打てども打てども点が入らない。スタジアムがざわつく中、チームの中心的存在であるボランチやDFがミドルレンジでボールを持つ。その選手の前にはスペースがある。しかし、シュートがあまり上手くないのは誰もが分かっている。どうしても1点が欲しい。アドレナリンが出まくりで、本人もシュートを打つ気満々。

そんな時、歓声に交じって本音の声が聞こえてくる。

「打つなー！」

責任感が強ければ強いほど、シュートを打ってしまいそうな場面。気持ちを見せろと言うけれど、気持ちばかりでもダメみたいだ。サッカーって本当にむつかしい。

昨季のＪ１・２位のベガルタ仙台も、かつてはなかなかＪ２から昇格できなかった。Ｊ２時代の仙台のゲームを観戦した時、帰りに乗ったタクシーの運転手のおじさんは私に本音を語った。「Ｊ１に昇格したいけど、Ｊ１に昇格してもそんなに勝てないなら、Ｊ２でそこそこ勝てるほうが楽しいよ」。正直な気持ちだろう。でも、今やＪ１で優勝争いを演じるチームになった。あのおじさんの目に、今の仙台はどう映っているだろうか？

Ｊ２参入、1年目か2年目の栃木ＳＣのホームゲームを観戦した時、メインスタンドから監督さながらの大きな声で選手に指示を出す30代ぐらいの男性がいた。「そこは無理しなくていいよ！」「右サイド使えよ！」「セーフティにいこうよ！」「なんで打たないんだよ！」

サッカーが、栃木のことが好きなんだなーぐらいに私は見ていた。さてその頃、栃木の調子は芳しくなく、試合後ゴール裏で挨拶する選手たちにサポーターからブーイングが浴びせられた。

次の瞬間、先ほどの男性が突然立ち上がり、ブーイングを浴びせるゴール裏に向かってメインスタンドから叫び始めた。

「お前たち、まだ早いよ!」

自分が応援するチームの戦力、他チームの実力を冷静に判断し、そしてJ1を早急に求める人たちに、メッセージを発信していたのだ。幸いにも今季の栃木は好調。スタンドの〝監督〟も、そろそろJ1仕様の指示に切り替えているだろう。

最近、NACK5スタジアム大宮で、順調に勝点を重ねる大宮アルディージャを応援するご夫婦が複雑な気持ちを正直に教えてくれた。「この時期に、こんな成績だったことがないので、どうしたらいいのか分からないんです」。

(マニアック指数85%)

ひとつひとつ積み重なるJリーグの歴史

――2017年1月26日号掲載

2016年のJリーグアウォーズは、一般の方を招待する、いわゆる客入れをして行われた。やはり、こちらのほうがいい。というのも、前年は客入れをせず、少し寂しさを感じたから。「アウォーズに行くんですか?」と聞かれ、「行きますよ」と答えると羨ましがられることが幾度もある。現地観覧したい人は結構多いのだ。

そして今回、お客さんは自由に座っているようだった。これまではチームごとに座席を分けられていたが、1クラブしか応援してはいけないというルールなど、どこにも存在しない。別の好きなクラブの選手を見つけて騒ぎたいけれど、一塊にされているから周りの目を気にして大人しくしなければならないなんて、バカらしい。楽しみ方は自由だ。

鹿島アントラーズのユニホームを着た女性サポーターがいた。Jリーグ優勝とクラブワールドカップの奮闘。12月はさぞかし楽しかったに違いないと思い、そのことを伝えると、彼女たちは複雑な表情を浮かべながら、親指と人差し指の先を合わせて輪を作った。「結構大変で」。確かにね〜。大阪遠征や安くはない入場料。そしてクラブワールドカップについて、彼女たちはこうも言った。「優勝したかったです」。レアル・マドリーに善戦しただけでは納得できず、本当に優勝を欲しているようだった。女性サポーターにまで染み込むジーコイズム。鹿島の歴史は良い感じで積み上がっている。

通路を挟んで座っていたのは浦和レッズのユニホームを着た女子ふたり組。そのうち、若い女子はかなり年季の入ったユニホームを着ていた。聞けば、Jリーグ開幕年のものだという。しかし、どう見てもその時に生まれているような年齢ではない。なんと、家族代々受け継いでいるらしい。こんな歴史の刻み方も実に良い、なんて感じ入っていたら、横に座っていたガンバ大阪の女性サポーターふたり組も感心していた。座席を自由にした効果がありました。

イベント終了後、新横浜の駅に向かう途中、母親と手をつなぐ男児が小さな身体に似合わない大きなものを担いでいた。イベント終了時に天井から降ってきた風船を集め、大事そうに運んでいた。彼が父親になった時、この日の風船のことを子どもに伝えてくれたら、またひとつ歴史が積み重なる。

（マニアック指数85％）

いつでも声を掛けてください！

――2015年7月9日号掲載

「写真を撮ってもらってもいいですか？」

もちろん大歓迎。周囲に迷惑さえかからなければ問題ない、と、ある程度、こちらが表情を固定した瞬間の「ごめんなさい、動画でした」は恥ずかしい。笑顔を作る一部始終を動画で撮られるほど、恥ずかしいことはない。

「丸亀でも一緒に撮ってもらったんですけど」

と言ったのは、NACK5スタジアム大宮のアウェースタンドで応援するカマタマーレ讃岐の女子サポーター。選手名はいくらややこしくても記憶するばかりか、前所属の聞いたこともないような中国のクラブ名まで覚えているけど、アイドルの見分けがつかない昨今、申し訳ないが一度の写真撮影では、ぼやけた脳細胞で記憶できなくなっている。

しかし、「女子サポーターを増やす小冊子……」。分かります！　そう、エピソードを話してくれると思い出す。彼女たちは、讃岐の女子サポーターを増やそうと、自分たちで小冊子を作り、知り合いのお店などに置く活動をしている。1年前にもらった時は、確か1枚だったけれど、今回頂いた小冊子は8ページになっていた。見やすくて、優しい誌面の小冊子。〝カマタマーレ愛〟が詰まった一冊になっていた。

「岐阜で犬の写真を……」

と、金沢で犬を連れた中年男性に声を掛けられた。覚えています。もちろん。なぜなら、私が「犬の写真を撮らせてください」と数年前に岐阜で声を掛けたから。FC岐阜のユニホームを着る犬たち。ユニホームを着ている犬が可愛くて、写真を撮らせてもらった。そして、そのユニホームを自分で作ったという話にさらに驚き、その記憶はずっと残っていた。でも、ツエーゲン金沢対ファジアーノ岡山の会場に岐阜から？

もちろん、今でも岐阜を応援しているが、一度岐阜に所属した選手は気になるそうで、今回は現・岡山所属の押谷祐樹を応援するため岐阜から駆け付けたという。犬を抱いた男性を見つけると、押谷は手を振ってくれるそうで、岡山の選手が来るのを楽しそうに待っている男性の姿は微笑ましかった。

スタジアムで会った時に、皆さんにうかがうエピソードも楽しみにしています！

「NACK5で子どもと撮った写真を額に

入れて……」

と、フクダ電子アリーナで声を掛けてくれた男性。当然、覚えています。なぜなら、デスクの上に置いていますから。写真を撮った当時は小学生だった子どもも大きくなったそうだ。サッカー選手になることを夢見ていたけれど断念。今は、その男性曰く「錦織圭を目指している」そうだ。大宮アルディージャのキャップとTシャツが可愛い少年は、今はテニスを楽しんでいるという。

クラブの歩みとともに、それぞれの人生も前に進んでいる。また、声を掛けてください。エピソードとともに——。

（マニアック指数90％）

あとがき

お読みいただき、サッカーバカの定まらない目線の駄文にお付き合いいただきありがとうございました。

小学4年生でサッカーを始めて以来、「サッカーダイジェスト」はいつも私のそばにありました。今では考えられないぐらい、海外のサッカー情報なんてなかった時代。「サッカーダイジェスト」を読み、遠くの世界のサッカーに思いを馳せました。付録のポスターも魅力的で、ブラジル代表や西ドイツ代表の11人の集合写真をずっと眺めていました。ジーコやマラドーナの写真に夢を見ました。両面ポスターなので、どちらを表にして部屋の壁に貼るかで悩みましたが、その悩む時間が苦しくも楽しい時間であったことを覚えています。

日本のサッカーの記事も充実していて、三菱、フジタ、読売、日産など、大人のサッカーから高校サッカー、そして身近な少年サッカーも網羅されていて、いつの日かこの雑誌に載るような選手になりたいと思っていました。大人になった今、子供の頃愛読していた雑誌にコラムを書くなんて、夢のようなことで、本当に幸せに思っています。

ただのサッカーバカにコラムを書かせてくれるばかりか、何の制約もなく自由に書かせていただいて本当に感謝しています。

普段のコラムはもちろん、今回の書籍化にあたってもご協力いただいた、白鳥和洋編集長を始め、「サッカーダイジェスト」に関わるすべての皆様に、この場を借りて感謝申し上げます。本当にありがとうございます。そして、これからもゆるーいサッカーコラムを書いていこうと思っておりますので、引き続きよろしくお願いします。

「サッカーダイジェスト」には私のコラムはともかく、読みどころ満載のサッカー記事が詰まっていますので、この本を機に、「サッカーダイジェスト」を読んでいただけるようになったら、これ以上嬉しいことはありません。

そして、この本や「サッカーダイジェスト」を読んで、サッカーを好きな人が今まで以上にサッカーを好きになれたなら、サッカーをあまり知らなかった人が少しでも好きになれたなら幸せです。

それでは、またスタジアムでサッカーの話をしましょう！

２０１９年８月

平畠啓史

今日も、Jリーグ日和。

ひらちゃん流マニアックなサッカーの楽しみ方

2019年9月20日　初版発行

著者　平畠啓史

発行人　松野浩之

編集人　新井治

協力　サッカーダイジェスト編集部（株式会社日本スポーツ企画出版社）

ブックデザイン　TYPE FACE（AD：渡邊民人、D：谷関笑子）
本文DTP　ワーズアウト
編集協力　細川工房
校正　聚珍社

編集　太田青里
マネジメント　大谷彩乃
プロモーション　中村礼　平岡伴基

営業　島津友彦（ワニブックス）

発行　ヨシモトブックス
〒160-0022　東京都新宿新宿5-18-21
03-3209--8291

発売　株式会社ワニブックス
〒150-8482　東京都渋谷区恵比寿4-4-9えびす大黒ビル
03-5449-2711

印刷・製本　株式会社光邦

JASRAC出1909325-901

ISBN 978-4-8470-9830-7